Auf ins Zugabenteuer!

Reisehandbuch

Europa mit dem Zug

Geheimtipps von Freunden

Von

Cindy Ruch

Mit Beiträgen von

Andrea Leindl, Martin Blum, Mela Hipp, Nicole Biarnés, Noam Schaulin, Sandra Wickert, Sarah Althaus, Sarah Emminghaus, Sebastian Wilken, Sigrid Elsrud, Stephanie Forsch und **Tom Streit**

Herausgegeben von

Marianna Hillmer und Johannes Klaus

REISEDEPESCHEN

Bitte einsteigen!

Ich liebe den Moment, wenn der Zug losfährt. Ab da muss ich nichts mehr machen außer unterwegs zu sein. Meine Tasche ist gepackt, das Ziel gewählt, die Reise beginnt. Ich blicke aus dem Fenster, auf das Stadtzentrum, die Vororte, die Wälder. Schaue hinaus, bis das Fremde das Bekannte ablöst. Schaue, lese, döse.

Ich begann, Zug zu fahren, weil es das günstigste Fortbewegungsmittel für mich war. Ich war flexibel und hatte Zeit, ideal für Spartickets. So fuhr ich mit Regionalbahnen an einem Tag quer durch Deutschland, vom Schwarzwald bis zur Ostsee. Unterwegs nahm ich Reisende mit dem Schönen-Wochenend-Ticket mit. Das kostete mich kaum etwas, und ich lernte Menschen kennen, die mir Geschichten über die Welt erzählten.

Bald reichte das nicht mehr. Ich wollte weiter weg und suchte in anderen Ländern nach Bahnhöfen und Abfahrtsplänen. In Indien lernte ich, bei offenem Fenster, ratternden Rädern und surrenden Ventilatoren zu schlafen und konnte das ab sofort überall. Besonders gut in den Nachtzügen über die Alpen: Abends mache ich es mir in einem Liegewagenabteil gemütlich und wenn ich die Gardine ein paar Stunden später beiseite schiebe, flattert Schnee im Schein gelber Bahnhofslampen oder die Sonne geht über terrakottafarbenen Dächern auf. Nachtzugreisen sind manchmal kaum von Träumen zu unterscheiden.

Irgendwann ist es dann egal, wie viel Zeit zwischen Abfahrt und Ankunft liegt. Ich genieße das Dazwischensein und die geschenkte Zeit, in der ich mich mit einem Buch zum Ziel entgegen lese, im Speisewagen etwas esse, mit meinen Sitznachbarn rede oder einfach aus dem Fenster schaue, auf die Meere, Berggipfel und Flussläufe. Das beste ist: Selbst wenn ich gar nichts mache, komme ich voran.

Sobald ich mich an den Rhythmus des Zugfahrens gewöhnt habe und kaum mehr aussteigen will, erreiche ich dann doch mein Ziel. Manchmal ist es eine imposante Bahnhofshalle in einer Großstadt, manchmal nur eine Uhr und zwei Gleise an einem schottischen See oder in einem Dorf am Mittelmeer. Es ist verrückt, wo es überall Bahnhöfe gibt und Züge warten. Und ich weiß, ich werde immer wieder einsteigen, um loszufahren und woanders anzukommen.

Scan den Spotify-Code für
unseren Zugreise-Soundtrack

Inhaltsverzeichnis

HINWEIS

Die Karten im Buch bieten einen Überblick über die Hauptverbindungen und wichtigsten Orte. Die Fahrtzeiten wurden auf Viertelstunden gerundet. Die Preise gelten, falls nicht anders angegeben, für die 2. Klasse.
Für detaillierte Streckennetze und tagesaktuelle Verbindungen müssen die zuständigen Bahnunternehmen konsultiert werden.

In den Norden
In den Westen
In den Osten
In den Südwesten
In den Südosten

INTERRAIL

Roadtrip auf Schienen

Interrail ist wie ein Roadtrip, nur mit Zügen. Wer will, hält sich alle Möglichkeiten offen und steigt einfach ein, um Ziele zu finden, die gar nicht auf dem Reiseplan standen.

STRECKENNETZ 33 europäische Länder sind Teil des Interrail-Netzes, das sich von Portugal und Irland im Westen über Griechenland und die Türkei im Süden, Rumänien und die baltischen Länder im Osten bis hin zu Skandinavien im Norden erstreckt. Die meisten Bahnunternehmen der teilnehmenden Länder sind dabei, nur manche kleine, private Anbieter von Tourismus- und Luxuszügen nicht. Panoramastrecken wie die Bergensbanen in Norwegen, der Glacier Express in der Schweiz und die Inlandsbanan in Schweden lassen sich auch mit dem Interrail-Pass bereisen. Hören die Bahngleise auf, darf man Fähren nutzen – teils mit Vergünstigungen oder gegen Einlösung eines Reisetages.

FAHRKARTEN gibt es auf bahn.de oder auf interrail.eu für Reisende mit Wohnsitz in Europa, der Türkei und Russland. Wer kein europäischer Staatsangehöriger ist, greift auf den EuroRail-Pass zurück.

Es gibt zwei Arten von Interrail-Tickets: der One Country Pass für ein Land und der Global Pass für mehrere Länder. Entweder lässt man sich den Pass per Post inklusive einer Bahnstreckenkarte und einem Guide zuschicken oder lädt ihn als Mobile Global Pass auf das Smartphone. Den Pass kann man bis zu elf Monate vorher kaufen – bei der Postsendung gibt man bereits im Voraus das Startdatum an, bei der digitalen Version erst kurz vor dem Losfahren. Die offizielle Interrail-Seite ermöglicht Reservierungen und listet Reiseideen, teilnehmende Bahngesellschaften, Fährkonditionen und Reservierungsgebühren auf.

PREISE & REISEZEITRAUM Um den richtigen Pass zu finden, sind Alter, Anzahl und Gruppe der Länder, Reisedauer und Budget relevant. Jugendliche (12-27) sparen 25 % beim Passpreis, Senioren (ab 60 Jahre) 10 %. Es zählt das Alter beim Startdatum der Reise. Kinder unter vier Jahren fahren kostenfrei mit, ebenso bis zu zwei Kinder im Alter von vier bis elf Jahren mit einer erwachsenen Begleitung.

Der One Country Pass ist drei bis sechs oder acht Tage innerhalb eines Monats gültig und gilt nicht im eigenen Land. Die günstigste Version gibt es ab 51 €. Den Global Pass erhält man ab vier Reisetagen innerhalb eines Monats. Er ist bis zu drei Monate gültig und beinhaltet unbegrenzte Fahrten. Mit dabei sind auch die An- und Abreise im eigenen Land. Der Global Pass ist ab 185 € erhältlich. Mit beiden Passarten erhält man außerdem bei Fähren 20-50 % Ermäßigung. Ein Reisetag ist übrigens immer von Mitternacht bis Mitternacht.

Auch die Preise der einzelnen Länder, die in sechs Gruppen aufgeteilt sind, unterscheiden sich. Spielt das Budget eine große Rolle und das Ziel ist variabel, kann man sich auf interrail.eu anschauen, wie viele Reisetage man im Monat mit dem One Country Pass für beispielsweise 200 € bekommt: acht Tage in Griechenland, sechs in Finnland, fünf in Frankreich, vier in Spanien und drei in Großbritannien.

RESERVIERUNGEN Bei Fahrten mit Hochgeschwindigkeitszügen und Nachtzügen kommt noch eine Reservierungsgebühr für den Sitzplatz, das Liegewagen- oder Bettabteil hinzu, die man bei den jeweiligen Bahngesellschaften oder auf der Interrail-Webseite bezahlen kann. Wer Zeit hat und die langsameren Züge schätzt, reist am flexibelsten und günstigsten. So spart man zusätzliche Gebühren und den vorausplanenden Reservierungsvorgang. Einfach am Bahnhof aufkreuzen und einsteigen.

Tipps

Bei einem Papierticket unbedingt das Datum in den Reisekalender eintragen, bevor man in den Zug steigt, sonst fährt man schwarz.

+++

Die Europäische Kommission verschenkt jedes Jahr 20.000 DiscoverEU-Pässe im Wert von 258 € an 18-Jährige aus der EU. Mehr Infos zur Bewerbung auf europa.eu/youth/discovereu

+++

Lieber Fähre statt Zug? Den Interrail Pass gibt es auch für griechische Inseln: 4 Tage/6 Tage in einem Monat kosten 68/155 € für Jugendliche, 90/176 € für Erwachsene. Der 6-Tage-Pass beinhaltet auch 2 internationale Überfahrten ab Italien und zurück.

+++

Wer nicht mehr als den Passpreis zahlen möchte, vermeidet Reservierungsgebühren und fährt in Regionalzügen – das dauert länger, aber Zeit im Zug zu verbringen und sich ausgiebig auf die Ankunft vorzubereiten, mit den Sitznachbarn quatschen und sich im Nichtstun zu üben, ist doch der eigentliche Zweck dieser Fahrten, nicht wahr?

AUTOREISEZÜGE

Auto im Gepäck

Ihr müsst euch nicht zwingend für Zug oder Auto entscheiden, denn mit Autoreisezügen könnt ihr beides kombinieren.

Statt Tag und Nacht auf der Autobahn zu verbringen, um am nächsten Tag doch noch im selben Land zu sein, könnt ihr euer Auto auf einen Zug verladen und euch selbst in ein Schlafwagenabteil. Am nächsten Morgen wacht ihr fit woanders auf. Vorteile: Keine Mietwagenbuchung, sondern die vertrauten eigenen Autositze, kein Gepäckschleppen, da doch allerhand in den Kofferraum passt, kein Stau und die Chance, ausgeschlafen anzukommen. Tankfüllung und Ticketpreis nehmen sich meist nicht so viel.

Auch Motorräder und kleine Campervans können auf den Autoreisezügen mitfahren. Die maximale Höhe ist meist 155 cm, die Breite 200 cm. Tickets gibt es oft sechs Monate im Voraus, frühes Buchen lohnt sich für günstige Angebote. Dabei müsst ihr Automaße und Gewicht, oft auch Fahrzeugmarke, Typ, Baujahr und Kennzeichen angeben. Gibt es euer Auto nicht in der Vorauswahl, einfach telefonisch nachfragen, ob Oldtimer oder Anhänger mitdürfen.

DEUTSCHLAND, ÖSTERREICH UND DIE SCHWEIZ Momentan bieten drei Autozuganbieter Strecken mit Autoverladung innerhalb der DACH-Länder an. Urlaubs-Express (urlaubs-express.de) verbindet teils saisonal Hamburg mit München, Lörrach, Innsbruck, Villach und Verona sowie Düsseldorf mit Innsbruck, Villach und Verona. ÖBB nimmt Fahrzeuge ab 40 Euro mit, verbindet Hamburg mit Innsbruck, Wien mit Bregenz und Livorno, Zürich mit Graz und als Partner der kroatischen Bahn auch mit Zagreb. Der AutoReiseZug des BahnTouristikExpress (bahntouristikexpress.de) betreibt die Strecke Hamburg–Lörrach von Mai bis Oktober ab 370 € für PWK und Platz im Liegewagenabteil.

Die weiteste Strecke mit Zug und Auto von Österreich legt der Optima Express zurück: Er fährt in 31 Stunden von Villach nach Edirne in die Türkei.

Diese Verbindungen bringen euch nicht nur von A nach B, man kann sie genauso gut als Teilstrecke der Urlaubsanreise sehen. Mit dem Auto fahrt ihr dann weiter von Lörrach nach Frankreich, von Villach nach Slowenien oder Kroatien, von Wien nach Ungarn oder von Hamburg nach Skandinavien.

EUROPA Autozüge sind leider im restlichen Europa eine Seltenheit geworden, doch ein paar Länder bieten die Kombination noch an. In Prag lädt man das Auto in den Autovlak ein, um von Tschechien in die Slowakei (Košice, Poprad-Tatry und Humenné) zu fahren (Fahrer und PKW ab 60 €). In Finnland verbinden CarTrains den Süden (Helsinki, Turku) mit dem Norden (Kolari, Kemijärvi) ab 140 €, wo das finnische Bahnnetz endet und man einen Roadtrip auf eigene Faust starten kann. In Kroatien nimmt man für 14 € sein Fahrzeug von Zagreb bis Split mit, oder gar von Bratislava bis Split mit der Slowakischen Bahn. Und wer sich in Montenegro auf die herrlichen Ausblicke von Bar nach Belgrad konzentrieren möchte, lässt sein Auto am besten im extra angekoppelten Eisenbahnwagen mitreisen.

SCHWEDE
KOPENHAGEN
MALMÖ
DÄNEMARK
SYLT
FLENSBURG
KIEL
ROSTOCK
LÜBECK
HAMBURG
BREMEN
AMSTERDAM
NIEDERLANDE
HANNOVER
POL
BERLIN
ESSEN
FRANKFURT (ODER)
DÜSSELDORF
KASSEL
BRÜSSEL
KÖLN
LEIPZIG
BELGIEN
AACHEN
ERFURT
DRESDEN
KOBLENZ
FRANKFURT (MAIN)
LUXEMBURG
MAINZ
DEUTSCHLAND
MANNHEIM
TSCHECHIEN
PRAG
HEIDELBERG
NÜRNBERG
KARLSRUHE
STUTTGART
FRANKREICH
REGENSBURG
ULM
FREIBURG
MÜNCHEN
WIE
BASEL
ZÜRICH
INNSBRUCK
ÖSTERREICH
SCHWEIZ
GENF
ITALIEN
SLOWENIEN
VENEDIG
MAILAND

Deutschland

Mit einem dichten Schienennetz kommt man effizient von A nach B. Es lohnt sich, die Augen offenzuhalten und einen Umweg über schöne Strecken zu fahren, um Landschaften wie den Schwarzwald, den Rhein oder den Bodensee vom Fensterplatz aus zu bestaunen.

Fakten

Deutschland ist nicht nur umringt von neun Nachbarländern, die Ausflüge in andere Kulturen, Küchen und Sprachen ermöglichen, sondern hat auch einiges innerhalb der eigenen Grenzen zu bieten: Berge und Wälder wie im Alpenvorland und in den zentral gelegenen Mittelgebirgen, Strände an der Ost- und Nordsee, Seenlandschaften wie in Mecklenburg-Vorpommern oder am Bodensee. Dazu Großstädte wie die Hauptstadt Berlin, die Hansestadt Hamburg, das Finanzzentrum Frankfurt (Main) mit Sitz der europäischen Zentralbank und Bayerns Millionendorf München, ganz zu schweigen von den unzähligen Kleinstädten mit ihren Altstadtmauern und Pflastersteinen. Man zahlt mit Euro und spricht deutsch, wobei es regionale Besonderheiten gibt: In Sachsen wird teils Obersorbisch gesprochen, in Schleswig-Holstein sind Friesisch, Niederdeutsch und Dänisch als Amtsspachen zugelassen.

LIEBLINGSSTRECKEN

Freiburg–Donaueschingen (90 Minuten, 12,30 €)
Die Höllentalbahn durchquert den Südschwarzwald über Hinterzarten und Titisee und bietet schönste Ausblicke zwischen den Tunneln: Nach Himmelreich kann man das Hirschdenkmal aus dem rechten Fenster erspähen, nach dem Bahnhof Hirschsprung befindet man sich plötzlich auf der 36 Meter hohen Ravennabrücke. Diese Bahnstrecke ist die steilste Deutschlands, sie windet sich 400 Höhenmeter von Freiburg im Breisgau bis Hinterzarten hinauf. In Donaueschingen erreicht man den Zielbahnhof – und die Quelle der Donau. Auch empfehlenswert ist die Schwarzwaldbahn von Offenburg nach Donaueschingen, die vom flacheren Nordschwarzwald gemächlich in den bergigen Südschwarzwald fährt. Wer möchte, bleibt noch bis zum Bodensee im Zug sitzen.

Mainz–Koblenz (51 Minuten, ab 21,40 €)
Sehr beeindruckend ist die Rheintalbahn, die zu Recht als eine von Deutschlands schönsten Zugstrecken gilt. Am Westufer des Rheins gleitet der Zug vorbei an Burgen, Hügeln und Weinbergen, zwischen steilen Felswänden und Wäldern hindurch, auf der anderen Flussseite kann man sogar die Loreley sehen. Weitere beeindruckende Flussstrecken befinden sich entlang der Elbe nach Prag und entlang der Donau zwischen Sigmaringen und Immendingen.

STRECKENNETZ

Das Fernverkehrsnetz der DB (Deutsche Bahn) verbindet sowohl Deutschlands Städte von der Ost- und Nordsee über besonders stark frequentierte Strecken im Westen als auch durch die Mitte des Landes und den Osten bis in den Süden. Hinzu kommt das dichte Nahverkehrsnetz der einzelnen Bundesländer. Über Nacht kommt man mit den Nachtzügen der österreichischen Bahn von Wien nach Berlin, Hamburg und Düsseldorf. Dank der zentralen Lage des Landes gibt es in alle Richtungen gute Verbindungen in die Nachbarländer, sei es nach Paris, Mailand, Prag, Warschau, Kopenhagen oder Amsterdam.
Mit Flixtrain kommt man von Berlin nach Stuttgart, Köln, Hamburg und München sowie von Hamburg nach Köln und von München nach Frankfurt. Der Alpen-Sylt-Nachtexpress verbindet den Norden mit dem Bodensee und München, und der Urlaubs-Express Rügen mit München.

ZÜGE

Im Fernverkehr der DB fahren ICE-, IC- und EC-Züge je nach Strecke teils im Stundentakt. Es gibt kostenloses WLAN, die Verbindung ist aber oft noch nicht optimal. Auf ein Entertainment-Angebot kann man im ICE vom eigenen Gerät aus zugreifen. Man kann, muss aber keinen Platz reservieren. Der ICE 3 ist mit bis zu 300 km/h der schnellste Zug der Flotte, und der ICE Sprinter verbindet Städte zügig mit wenigen Stopps. Leider hat die Deutsche Bahn keine Nachtzüge mehr. Es fahren zwar Züge durch die Nacht, Schlafwägen bietet die DB aber nicht mehr an. Um das Nachtzugnetz kümmert sich die ÖBB mit ihren Nightjets. Im Nahverkehr sind Regionalbahnen und Regional-Expresszüge mit weniger Zwischenhalten unterwegs. Neben den rot-weißen Zügen der DB fallen die grünen Flixtrains an den Bahnhöfen auf. Sie sind mit WLAN, Steckdosen, aber nicht mit Speisewagen ausgestattet.

PREISE UND FAHRKARTEN

Mit dem Super Sparpreis erhält man innerhalb Deutschlands Tickets ab 18 €, die sich nicht umbuchen oder stornieren lassen. Sparpreise gibt's ab 21 € und beinhalten ein City-Ticket, was für den Nahverkehr am Reisetag in der Abfahrts- und Ankunftsstadt gültig ist. Den normalen Preis zahlt man mit Flexpreis-Tickets, bei denen keine Zugbindung besteht. Ist man mit bis zu fünf Personen unterwegs und hat keine Eile, kann man Länder-Tickets ab 23 € buchen und einen Tag in Regionalzügen durch ein Bundesland reisen. Ab 42 € ist das Quer-durchs-Land-Ticket erhältlich. Flixtrain-Tickets gibt es für Kurzstrecken ab 1,11 €, Langstrecken ab 4,99 €, sie sind umtausch- und stornierbar.

Fahrkarten sind auf bahn.de, in der DB-App oder gegen einen kleinen Aufpreis am Schalter erhältlich. Auf flixtrain.de gibt es Tickets für die grünen Züge.

ANREISE

Der Nightjet fährt von **Wien** nach Berlin und Köln in je 11:30 Stunden, nach Frankfurt (Main) in 6:30 Stunden, nach Düsseldorf und Hamburg in gut 12 Stunden. Auch von **Innsbruck** sind Nightjets in deutsche Städte unterwegs. Tagsüber kommt man mit dem ICE in 8:30 Stunden von Wien nach Hamburg oder in 7:45 Stunden nach Berlin, mit dem Alpen-Sylt Nachtexpress direkt von Salzburg nach Sylt. Außerdem verkehren private Bahngesellschaften zwischen beiden Ländern.

Von **Zürich** erreicht man München in 3:30 Stunden und Frankfurt (Main) in 4 Stunden. Der Nightjet fährt in ca. 12 Stunden von Zürich über **Basel** nach Berlin und nach Hamburg, der ICE tagsüber in 7:30 Stunden. Mit dem Urlaubs-Express kommt man von Basel über Nacht nach Rügen.

BAHNLEKTÜRE

Netzkarte, Sten Nadolny

Mayen in der Vulkaneifel

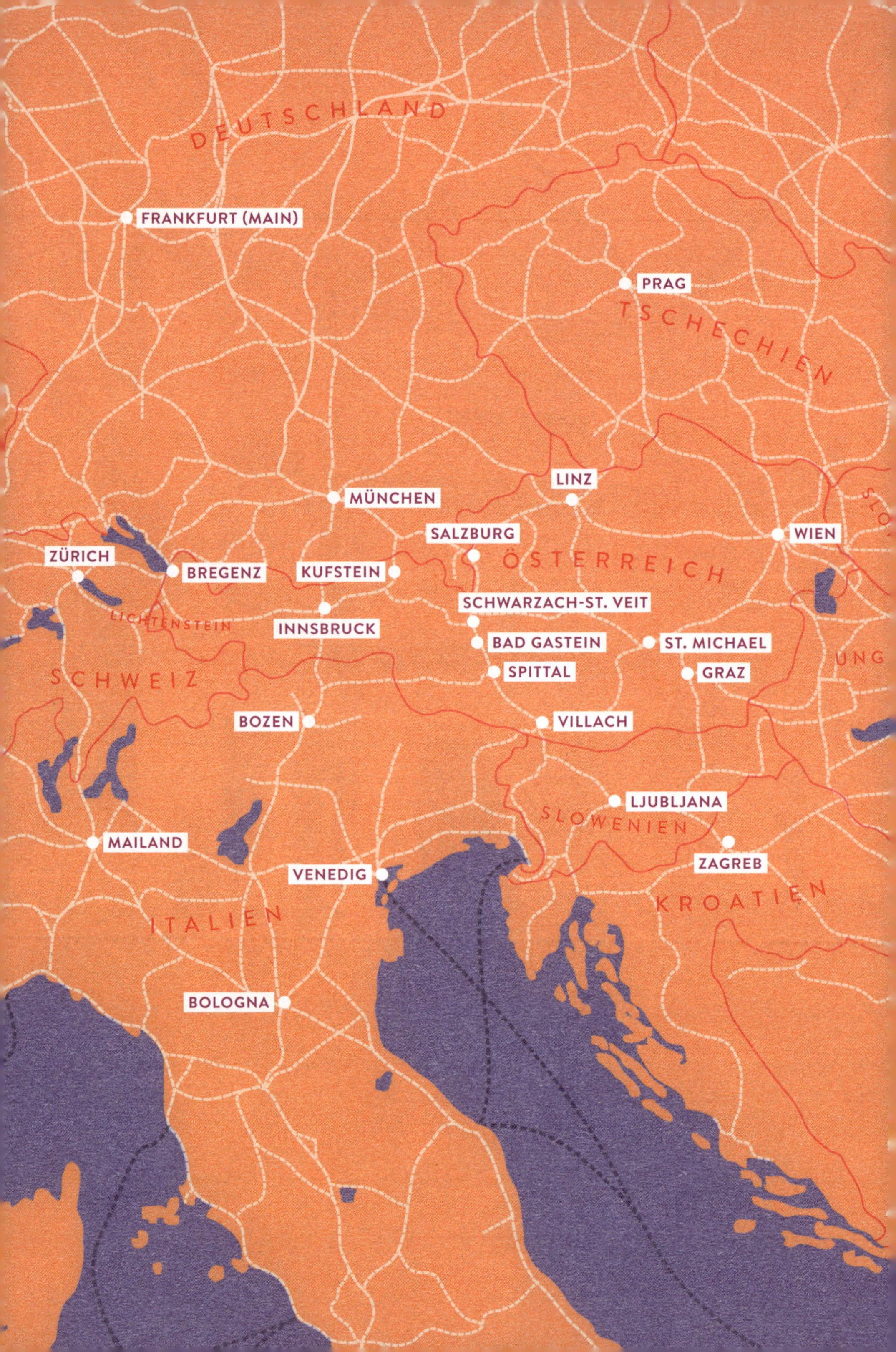
DEUTSCHLAND
FRANKFURT (MAIN)
PRAG
TSCHECHIEN
LINZ
MÜNCHEN
SALZBURG
WIEN
ZÜRICH
BREGENZ
KUFSTEIN
ÖSTERREICH
SCHWARZACH-ST. VEIT
LICHTENSTEIN
INNSBRUCK
BAD GASTEIN
ST. MICHAEL
SPITTAL
GRAZ
SCHWEIZ
BOZEN
VILLACH
LJUBLJANA
SLOWENIEN
ZAGREB
MAILAND
VENEDIG
KROATIEN
ITALIEN
BOLOGNA

Österreich

In Österreich rauscht man immer durch herrliche Landschaften aus Almwiesen, Berghütten und schneebedeckten Gipfeln – das Land ist zu drei Viertel gebirgig.

Fakten

Die Alpenrepublik ist fast überall gebirgig, nur im Osten fließt die Donau durch flaches Land. Österreich ist Wander- und Skisportparadies und teilt sich Ländergrenzen mit Deutschland, der Schweiz, Liechtenstein, Italien, Slowenien, Tschechien, der Slowakei und Ungarn. Deutsch ist die Staatssprache, doch das österreichische Deutsch hat nicht nur einen anderen Wortschatz, sondern auch unterschiedliche Dialekte. Von den knapp neun Millionen Österreichern leben etwa drei Millionen in der Hauptstadt Wien. Man zahlt mit Euro.

LIEBLINGSSTRECKEN

Wien–Zürich (8 Stunden, ab 40 €)
Ganz viel Bergpanorama bekommt man bei der länglichen Alpenquerung mit dem nach Zürich fahrenden Zug (EC oder Railjet) durch die Tiroler Bergwelt und über den Arlberg-Pass geboten. Nicht umsonst war diese herrliche Alpenstrecke einst Teil einer der Orient-Express-Routen.

Salzburg–Villach (2:30 Stunden, ab 10 €)
Bei dieser Nord-Süd-Alpenüberquerung fährt man durch das Salzachtal und den Luftkurort Bad Gastein. Die offizielle Tauernbahn verläuft zwischen Schwarzach-St. Veit und Spittal-Millstättersee, im Zugfensterrahmen erheben sich die Berge der Hohen Tauern, bevor es durch den acht Kilometer langen Tauerntunnel geht. Eine weitere beeindruckende Alpenüberquerung führt von Innsbruck über den Brennerpass nach Bozen in Italien.

STRECKENNETZ

Eine der elektrifizierten Hauptstrecken führt von Wien nach Westen über Linz, Salzburg, durch Tirol, und ab Innsbruck auf der Arlbergstrecke bis nach Bregenz am Bodensee. In Innsbruck zweigt die alpenüberquerende Brennerstrecke zum gleichnamigen Pass nach Italien ab, in Wörgl nach Kufstein und Deutschland. Die andere Hauptstrecke erschließt den südöstlichen Teil Österreichs. Von Wien kommend

Auf einen Kaffee nach Wien

fahren die Züge über den Semmering-Pass nach Graz oder Villach und schließen an die andere alpenüberquerende Tauernstrecke nach Salzburg an. In St. Michael führt die Pyhrnbahn nach Linz. Das Nachtzugnetz der ÖBB (Österreichische Bundesbahnen) ist ein Vergnügen: Von Wien kommt man mit dem Nightjet zum Beispiel nach Rom, Budapest, Warschau, Hamburg, Brüssel und Zürich. Von Villach gibt es Verbindungen nach Kroatien. Stetig werden neue Verbindungen hinzugefügt.

ZÜGE

Man wählt beim Nightjet zwischen Sitzwagen, 4er- oder 6er-Liegewagen (es gibt auch Frauenabteile) mit Wiener Frühstück oder Schlafwagen mit Waschbecken, À-la-carte-Frühstück und Toilettenartikeln. Das Deluxe-Abteil hat eine eigene Dusche. Der Railjet mit Bordrestaurant ist Österreichs modernster und schnellster Zug. Im Fernverkehr sind zudem der Eurocity und der Intercity unterwegs. Im Nahverkehr fahren der Cityjet, Talent und Desiro sowie ein- und doppelstöckige Wendezüge.

PREISE UND FAHRKARTEN

Innerhalb Österreichs gibt es das Einfach-Raus-Tagesticket, mit dem Gruppen zwischen zwei und fünf Personen für 35-47 € mit Regionalzügen, S-Bahnen und der Raaberbahn durch das Land fahren können. Mit der Sparschiene fährt man ab 10 € innerhalb Österreichs, Kinder bis sechs Jahre reisen gratis mit und bis zum 15. Geburtstag für die Hälfte. Mit der Sparschiene Europa kommt man von Wien ab 15 € nach Budapest, ab 27 € nach München und ab 40 € nach Zürich. Mit der Sparschiene der Nightjet-Verbindungen zahlt man ab 20 € (Sitzwagenabteil), 40 € (6er-Liegewagen) und 70 € (2-Bett-Schlafwagenabteil).

Fahrkarten gibt es auf oebb.at, mit der ÖBB-App oder am Ticketautomaten und -schalter, die österreichischen Nachtzüge auch direkt auf nightjet.com.

ANREISE

Mit dem Nightjet ab **Berlin** oder **Köln** nach Wien in je 11:30 Stunden, von **Frankfurt (Main)** in 6:30 Stunden, ab **Düsseldorf** und **Hamburg** in je 12 Stunden, oder mit dem Alpen-Sylt-Nachtexpress von **Sylt** über Hamburg im Sommer nach Salzburg und im Winter nach Bad Gastein (16-19 Stunden, nachtexpress.de). Im Winter kommt man mit dem Alpen-Express des niederländischen Treinreiswinkels übers Wochenende von Köln in österreichische Wintersportorte (bahnreiseladen.de), und im Sommer nimmt der private Urlaubs-Express (Juni bis September) Autos von Düsseldorf und Hamburg nach Villach und Innsbruck mit (urlaubs-express.de). Von **München** sind es tagsüber nur 4 Stunden nach Wien, von Hamburg oder Berlin 8:30 Stunden.

Ab **Zürich** dauert es 3:30 Stunden nach Innsbruck und fast 8 Stunden nach Wien. Der Nachtzug von Zürich (20:40 Uhr) nach Zagreb hält auch gegen 1 Uhr morgens in Innsbruck und um 6:25 Uhr in Villach.

BAHNLEKTÜRE

Und Nietzsche weinte, Irvin D. Yalom
Dunkelgrün fast schwarz, Mareike Fallwickl
Reisehandbuch Tirol für alle Jahreszeiten, Mela Hipp
Wien. Stadtführer für Kinder, Brigitta Höpler und Sibylle Vogel

BELGIEN
LUXEMBURG
FRANKFURT (MAIN)
DEUTSCHLAND
FRANKREICH
MÜNCHEN
BASEL
ZÜRICH
FELDKIRCH
ÖSTERREI
LUZERN
LIECHTENSTEIN
BERN
INNSBRUCK
INTERLAKEN
CHUR
LAUSANNE
SCHWEIZ
ANDERMATT
GENF
ST. MORITZ
MARTIGNY
TIRANO
ZERMATT
LUGANO
CHAMONIX
MAILAND
VENEDIG
ITALIEN
BOLOGNA
MARSEILLE

Schweiz
und Liechtenstein

Kurvig können die Eisenbahnstrecken in der Schweiz sein. Das sorgt für Entschleunigung und führt zu einzigartigen Panoramafahrten mit Blick auf Gebirge, Täler und Seen.

Fakten

Im Nordwesten das Juragebirge, im Südosten die Alpen und dazwischen, im sogenannten Mittelland, lebt der größte Teil der Schweizer Bevölkerung. Zürich wird regelmäßig zur lebenswertesten Stadt gezählt, und der Lago Maggiore oder der Comer See locken in den Sommerferien. Die **Schweiz** grenzt an fünf Länder: Deutschland, Österreich, Liechtenstein, Italien und Frankreich. Sie hat etwa acht Millionen Einwohner und die direkteste Demokratie der Welt, Bundesstadt ist Bern. Gezahlt wird in Schweizer Franken (CHF). Mit dem Handynetz muss man aufpassen, da die Schweiz als Nicht-EU-Land bei vielen Anbietern im Roaming kostet. Die vier Landessprachen sind Deutsch, Französisch, Italienisch und Rätoromanisch, im größten Teil des Landes spricht man Schweizerdeutsch. Europas höchster Bahnhof liegt am Jungfraujoch auf 3454 Metern.

Liechtenstein befindet sich zwischen Österreich und der Schweiz und ist der sechstkleinste Staat der Welt. Man zahlt mit Schweizer Franken, Amtssprache ist Deutsch, gesprochen wird aber die Liechtensteiner Mundart. Die Regierung sitzt in Vaduz und man fährt auf dem Schienennetz der Österreicher.

LIEBLINGSSTRECKEN

Martigny–Chamonix (90 Minuten, ab 44 €)
Der beeindruckendste Weg zum Fuße von Europas höchstem Berg ist sicherlich die Fahrt mit dem Mont-Blanc-Express. Besonders magisch ist es im Winter, wenn die rot-weiße Schmalspurbahn durch das verschneite Gebirge fährt. 18 Kilometer legt man in der Schweiz zurück, 20 Kilometer in Frankreich. Auf dem Weg passiert man die Schlucht von Trient und klettert auf bis zu 2480 Meter Höhe. Zwischendurch erhascht man immer wieder Blicke auf das Dach Europas. In Chamonix kommt man mit Gondel oder Zahnradbahn noch höher zu den Gletschern. Von Martigny startet auch der Saint-Bernard Express durch das Val d'Entremont nach Orsières.

Chur–Tirano (3:30 Stunden, ab 70 €)
Diese Strecke gehört zum UNESCO-Weltkulturerbe – und mit den Panoramafenstern des Bernina Expresses erlebt man sie wie im schönsten Alpenfilm. Der Zug fährt vom Rheintal hinauf in die Alpen auf 2253 Meter Höhe und vorbei an Seen bis ins italienische Tirano. Den schönsten Ausblick hat man von der Alp Grüm auf den Palügletscher, das Berninamassiv und die Bergamasker Alpen. Alternativ kann man in Regionalzügen mit Umstieg in Samedan eine ähnliche Strecke zurücklegen.

STRECKENNETZ

Die **Schweiz** hat eines der weltweit dichtesten Streckennetze. Das Land lässt sich beliebig kreuzen und queren, vom Südwesten in Genf nach Nordosten zum Bodensee, oder von Westen entlang der Jurafusslinie in den Osten. Auch vor den Alpen machen die Gleise nicht halt, führen durch den Gotthard- oder Simplontunnel. Die meisten Züge verkehren im pünktlichen Einstundentakt, zwischen den Städten öfters, in abgelegenen Gegenden alle 2 Stunden.

Auf neun Kilometern verläuft eine Bahnstrecke des ÖBB durch **Liechtenstein**, die grenzübergreifend Feldkirch (Österreich) mit Buchs (Schweiz) verbindet und drei Zwischenhalte (Nendeln, Forst Hilti, Schaan-Vaduz) im Fürstentum bietet.

ZÜGE

Auf dem Hauptteil der Schienen fahren die SBB (Schweizerischen Bundesbahnen) mit Zügen wie InterCity, InterCity-Neigezug, Interregio, RegionalExpress, Regio und EuroCity. Die Höchstgeschwindigkeit beträgt 200 km/h, für schnellere Fahrten wären die Strecken zu kurvig. Speisewagen gibt es in den meisten ICs und ECs, mit Schweizer Klassikern wie Zürcher Geschnetzeltem oder Rösti.
Um einzelne Regionen kümmern sich verstärkt Privatunternehmen wie die BLS in Bern und Luzern und die Rhätische Bahn im Kanton Graubünden. Auf dem Schmalspurnetz der Rhätischen Bahn fahren nicht nur die bekannten und teureren Panoramazüge Bernina Express und Glacier Express, sondern auch normale Personenzüge.

PREISE UND FAHRTKARTEN

Mit der Spartageskarte der SBB kann man ab 50 € einen Tag lang durch die ganze Schweiz fahren. Die Fahrpreise richten sich nach der Streckenlänge und nicht nach Zugtyp. Kinder unter sechs Jahren mit Begleitperson fahren kostenlos. Tickets mit der Rhätischen Bahn gibt es ab 33 €, Preise für den Glacier Express starten bei 170 €.

Fahrkarten bucht man mit der SBB auf sbb.ch, mit der Rhätischen Bahn in Graubünden auf rhb.ch und im Raum Bern und Luzern mit der BLS auf bls.ch.

ANREISE

Von **Frankfurt (Main)** ist Zürich 4 Stunden und von **München** 3:30 Stunden im ICE entfernt. Nachts erreicht man die Schweizer Großstadt in 12:15 Stunden von **Hamburg** (tagsüber in 7:30 Stunden) oder in 12 Stunden von **Berlin** mit dem Nightjet, außerdem gibt es täglich zwei direkte ICE-Verbindungen zwischen Hamburg und Chur.
Mit den (Super) Sparpreisen der DB kommt man ab 38 € von Berlin nach Interlaken oder ab 19 € von **München** nach Zürich. Liechtenstein erreicht man am besten über **Feldkirch** in Österreich, von dort sind es 30 Minuten mit dem Zug nach Vaduz.

Von **Wien** quer durch die Alpen nach Zürich mit dem österreichischen Railjet in gut 8 Stunden. Aus dem Fenster gucken hinter Innsbruck (nach ca. 3:30 Stunden Fahrtzeit), wenn man dem Arlbergpass entgegenfährt.

BAHNLEKTÜRE

In der Schweiz, Mark Twain
Immer schön langsam, Diccon Bewes
Für immer die Alpen, Benjamin Quaderer
Alle Farben des Schnees, Angelika Overath

Landwasserviadukt in der Nähe von Filisur in Graubünden

Chur–Flüelen

Am Wasser entlang durch die Alpen

Von Noam Schaulin, @AufGleis13

In gemütlichem Tempo rattert mein Zug den Rhein entlang. Es ist nicht der ruhige Rhein aus meiner Heimatstadt Basel oder der breite, träge Rhein, der große Schiffe durch Deutschland trägt. Nein, der Vorderrhein hier im Bergkanton Graubünden ist noch jung und ungebändigt. Nur ein paar wagemutige Kajakfahrer sehe ich durch das offene Fenster die wilden Wellen meistern. Der Fluss hat sich tief in den Berg gefressen und die Ruinaulta, die schweizer Rheinschlucht, geformt. Gleich daneben schlängelt sich mein schmaler roter Zug der Rhätischen Bahn tiefer in die Alplandschaft.

Sein zweites Wort war Zug. Seitdem beschäftigt Noam sich mit dem öffentlichen Verkehr und kann auf über 75 Fahrten mit dem Nachtzug zurückblicken. Er setzt sich in der Schweizer Politik für mehr Umweltschutz und Gerechtigkeit ein. Beruflich plant er als angehender Verkehrsplaner Bahnhöfe, Bushaltestellen und Velostraßen.

In Disentis wechsle ich auf die rot-weiße Matterhorn-Gotthard-Bahn. Der Rhein ist mittlerweile nur noch ein Bach. Der Zug kraxelt mit Hilfe von Zahnrädern immer höher und als wir nach 40 Minuten auf dem Oberalppass ankommen, sind keine Spuren des Rheins mehr zu sehen. Das Wasser begleitet mich aber weiter, die Gleise folgen beim Gotthardpass der Reuss. Quietschend schlängelt sich der Zug an immer steiler werdenden Hängen entlang zurück ins Tal. Zwischen Andermatt und Göschenen hat der reißende Fluss die Schöllenenschlucht geformt. Bei der Betrachtung scheint mir ihre Sage sehr plausibel: Angeblich soll der Teufel sie gebaut haben, da die Menschen den wilden Fluss nicht bändigen konnten. Unterhalb der Schlucht erreichen wir die alte Gotthardbergstrecke. Ich fahre aber nicht durch den Tunnel in den Süden, sondern nehme den nächsten Zug über imposante Brücken und durch zahlreiche Kehrtunnel nordwärts nach Flüelen zum glitzernden Wasser des Vierwaldstättersees.

In der Rheinschlucht Ruinaulta fährt der Zug direkt am jungen Rhein durch die Berglandschaft.

STRECKENINFOS

Auf den Strecken zwischen Chur und Göschenen, betrieben von RhB und Matterhorn-Gotthard-Bahn (MGB), sind einfache, aber bequeme Regionalzüge stündlich unterwegs. Viele eingesetzte Sitzwagen haben Fenster zum Öffnen und oft sind Panoramawagen dabei. Die beiden Streckenabschnitte sind meterspurig, entsprechend ist es in den Wagen eng. Sitzplätze gibt es aber meist genügend, da die Züge ans Fahrgastaufkommen angepasst verlängert werden können. Einzig im Winter können die Züge in gewissen Abschnitten überladen sein, da sie verschiedene Skigebiete und Ferienorte verbinden.

Zwischen Chur und Andermatt sind zusätzlich die luxuriöseren **Glacier-Express-Züge** unterwegs, welche allerdings teurer sind und nicht überall halten. Der Glacier Express durchquert die Schweizer Alpen von Osten nach Westen. Er verbindet die Luxuskurorte St. Moritz in Graubünden und Zermatt im Wallis. Oft wird er als langsamster Schnellzug der Welt angepriesen.

Auf dem normalspurigen Streckenteil zwischen Göschenen und Flüelen betreibt die SBB mit der SOB moderne InterRegio-Triebzüge als Treno Gottardo. Sie fahren weiter bis nach Zürich, Luzern und Basel. Südwärts fahren sie durch den Gotthard-Scheiteltunnel ins Tessin.

Eine durchgehende Fahrt kostet in der 2. Klasse ohne Ermässigung knapp 60 €, es gibt online aber Sparangebote ab 35 €. Auf sbb.ch findet man oft auch Spartageskarten für den gesamten öffentlichen Verkehr der Schweiz für 65 €. Diese lohnen sich besonders bei An- oder Weiterfahrt am selben Tag.

Es gibt täglich zwei direkte ICE von Hamburg nach Chur. Ansonsten geht's am schnellsten mit Umsteigen in Zürich. Von Zürich fahren stündlich drei direkte Züge nach Chur.

STATIONEN

Chur ist Hauptort von Graubünden, dem größten Schweizer Kanton. Die kleine Stadt liegt umgeben von Bergen am Alpenrhein. Die schöne Altstadt bietet eine grosse gastronomische Auswahl. Als Eisenbahnknotenpunkt mit zwei Spurweiten ist Chur ein guter Ausgangspunkt für viele Abenteuer auf Schienen.

Chur hat einige Hotels, allerdings sind die meisten sehr teuer. Das günstigste ist das VIVA-Hostel, dort findet man einen Platz im Mehrbettzimmer ab 37 CHF und ein Einzel- oder Doppelzimmer ab 82 CHF. Es ist zehn Fußminuten vom Bahnhof entfernt.
Alternativ bietet sich Zürich an. Auch hier ist allerdings das hohe schweizerische Preisniveau zu beachten.

Disentis (Rätoromanisch: Mustér) ist ein vom Wintersport geprägter Kurort im oberen Teil der Surselva im Kanton Graubünden. Das 1300 Jahre alte Kloster ist vor allem wegen seines Internats schweizweit bekannt. Neben den Kurhotels ist der Ort besonders wegen seines großen Skigebiet beliebt, das sich mit über 120 Pistenkilometern bis nach Andermatt im Kanton Uri erstreckt. Hier endet die Strecke der Rhätischen Bahn und wird von der MGB weitergeführt.

Andermatt liegt auf nördlicher Seite am Gotthard. Als Knotenpunkt verschiedener Verkehrsadern ist Andermatt schon lange ein wichtiger Transit- und Handelsort. Die MGB hat hier ihren größten Bahnhof und bedient Strecken in den Osten (Oberalp–Graubünden), Norden (Göschenen) und

Westen (Furka-Wallis). Heute führen die wichtigen Handelsrouten aber nicht mehr durchs Dorf, sondern unterqueren es in mehreren Tunneln. Aus dem Handelsort wurde ein Tourismus-Hotspot. In den letzten Jahren wurde viel in die Infrastruktur und Hotelanlagen investiert. Die Skiarena Andermatt-Sedrun-Disentis ist eines der bekanntesten Skigebiete der Schweiz.

Die günstigste Übernachtungsmöglichkeit ist das BnB Bellavista rund 20 Gehminuten vom Bahnhof entfernt. Hier gibt es Einzelzimmer ab 75 CHF und Mehrbettzimmer ab 55 CHF.

Der **Gotthard** ist ein Gebirgsmassiv zwischen dem Vierwaldstättersee und dem Tessin. Der gleichnamige Alpenpass ist von großer militärischer und verkehrstechnischer Bedeutung. Er ist der wichtigste Pass der Schweiz und spielt schon seit Jahrhunderten eine wichtige Rolle im Nord-Süd-Verkehr. Im Zweiten Weltkrieg wurde er im Zuge der „Reduit-Strategie" mit zahlreichen Bunkeranlagen versehen und ist bis heute stark militarisiert. Der 2016 eröffnete Gotthard-Basistunnel ist der längste Tunnel der Welt. Der Pass bildet die europäische Hauptwasserscheide zwischen Nordsee und Mittelmeer.

Der **Vierwaldstättersee** ist einer der größten und bekanntesten Schweizer Seen. Wie der Name verrät, grenzen vier der 26 Schweizer Kantone an den See. Die Schifffahrtsgesellschaft des Vierwaldstättersees verbindet Dörfer und Städte am Seeufer mit Luzern. Viele Ausflugsziele in der Region sind gut mit dem Schiff erreichbar. Dazu gehören die Berge Pilatus und Rigi, das Verkehrshaus der Schweiz, die Glasi Hergiswil und die Tellsplatte. Außerdem liegt das Rütli, der Gründungsort der Schweiz, am Ufer des Sees.

Oberalpsee

UND WEITER

Im Winter bieten sich in der Gotthardregion zahlreiche Skigebiete zum Aufenthalt an. Im Sommer lohnt sich die Weiterfahrt ab Flüelen mit dem Schiff über den Vierwaldstättersee nach Luzern. Mit dem Treno Gottardo kommt man im Stundentakt abwechselnd weiter nach Basel oder Zürich. In die andere Richtung kommt man durch den geschichtsträchtigen Gotthardscheiteltunnel ins italienischsprachige Tessin oder weiter nach Mailand.

In den Norden

FINNLAND
CHWEDEN
Helsinki
Sankt Petersburg
Tallinn
Stockholm
Riga

Fakten

Im Süden grenzt das Königreich an Deutschland, im Osten über die Öresundbrücke an Schweden und wird auf einer Seite von der Ostsee, auf der anderen von der Nordsee umarmt. Spricht man vom Festland, meint man das Jütland. Östlich davon liegen unzählige Inseln, unter anderem das Seeland mit der Hauptstadt Kopenhagen (København). Fähren, Brücken und Tunnel verbinden das Inselland. Dänisch ist die Amtssprache, die Währung sind Dänische Kronen (DKK).

Dänemark

Über Brücken und durch Tunnel queren die dänischen Züge die Nord- und Ostsee. Auf dem Inselland ist der nächste Strand nie weit – genauso wenig wie das nächste Softeis, am besten mit Lakritzstreusel.

LIEBLINGSSTRECKEN

Kopenhagen–Malmö
(40 Minuten, ab 13 €)
Taucht der Zug auf dänischer Seite aus dem Tunnel auf, ist man sofort auf dem Wasser, oder besser gesagt: auf der acht Kilometer langen, doppelstöckigen Brücke über dem Öresund. Auf 60 Metern Höhe scheint man hinüber nach Schweden zu schweben und blickt dabei auf Windräder und Schiffe in der Meeresenge. Noch ein Tunnel, und schon ist man in Malmö.

Kopenhagen–Aarhus
(2:45 Stunden, ab 14 €)
Dänemarks größte Städte liegen eine entspannte Zugfahrt voneinander entfernt: Von Kopenhagen quert man das flache Seeland, zwei Brücken über den Großen und Kleinen Belt und die Insel Fünen, bis man auf dem dänischen Festland ankommt. Der Aarhus Hovedbanegård (Hauptbahnhof) befindet sich direkt im Zentrum, nur zehn Gehminuten vom Kunstmuseum ARoS entfernt.

STRECKENNETZ

Man sollte meinen, in Dänemark gäbe es zu viel Meer für ein Bahnnetz. Doch die Dänen sind erfinderisch und schicken ihre Züge über und unter Wasser. Die Hauptlinien verbinden die großen Städte Kopenhagen, Aarhus, Aalborg, Esberg und den Hafen von Rødby. Entlang der Jütlandlinie fährt man von Hamburg nach Kopenhagen und quert auf zwei Brücken den Kleinen und Großen Belt. Die ehemalige Fährverbindung mit Zug ab Puttgarden gibt es nicht mehr, stattdessen wird momentan der Fehmarnbelttunnel gebaut. Über die acht Kilometer lange Öresundbrücke gelangt man in Nullkommanichts nach Schweden. Der schwedische Snälltåget-Nachtzug verbindet Berlin und Hamburg mit Høje-Taastrup, 20 Kilometer von Kopenhagen entfernt. Auf der dänischen Ostsee-insel Bornholm und den autonomen, zu Dänemark gehörenden Inseln Färöer und Grönland fahren allerdings keine Züge.

ZÜGE

Die DSB (Danske Statsbaner) betreibt die meisten Strecken in Dänemark mit einer Zugflotte aus Intercity, InterCityLyn und Regionaltog. Die einzige Hochgeschwindigkeitsstrecke besteht zwischen Kopenhagen und Ringsted. Regionale Strecken übernehmen teilweise Privatbahnen wie Nordjyske Jernbaner im Nordjütland und Arriva im Jütland – letztere betreibt auch ein großes Busnetz in der Gegend.

PREISE UND FAHRKARTEN

Mit dem DSB Orange (nicht umbuchbar) kommt man ab 14 € von Kopenhagen nach Aarhus, mit dem Orange Fri, bis 30 Minuten vor Abfahrt änderbar, ab 27 €. Zwei Kinder unter zwölf Jahren fahren in erwachsener Begleitung kostenlos mit.

Fahrkarten gibt es für die DSB und die Züge von Nordjyske Jernbaner und Arriva im englischen Ticketshop auf dsb.dk.

ANREISE

Die DB bietet drei tägliche Fahrten von **Hamburg** nach Kopenhagen und Aarhus mit einer Fahrtzeit von etwas über 4:30 Stunden an. Im Sommer fährt ein IC über Nacht von Hamburg nach Kopenhagen, allerdings nur mit Sitzplätzen. Mit Snälltåget fährt man von Ostern bis Oktober um 21 Uhr in **Berlin** und 23:30 Uhr in **Hamburg** ab und kommt morgens um 6:50 Uhr in HøjeTaastrup bei Kopenhagen an, in der Nebensaison soll ab Herbst 2022 der SJ EuroNight Hamburg-Stockholm über Kopenhagen fahren.

Nach Kopenhagen mit dem Super Sparpreis der DB von Hamburg (ab 30 €) und von Berlin (ab 40 €).
Buchen kann man die Fahrten von Deutschland nach Dänemark auf bahn.de und mit der schwedischen Snälltåget auf snalltaget.se.

Aus **Österreich** und der **Schweiz** erst nach Hamburg oder Berlin (S. 14, Deutschland) und von dort weiter.

BAHNLEKTÜRE

Himmerlandsgeschichten, Johannes V. Jensen
Hallo Kopenhagen: 27 Tipps für Cafés, Kultur und mehr, Harriet Dohmeyer

NARVIK
BODØ
TRONDHEIM
ÅNDALSNES
RØROS
DOMBÅS
NORWEGEN
MYRDAL
FINSE
GEILO
HAMAR
BERGEN
HØNEFOSS
OSLO
SCHWEDEN
STAVANGER
STOCKHOLM
EGERSUND
GÖTEBORG
HALMSTAD
DÄNEMARK

Norwegen

Vom gemütlichen Sitzplatz schaut man durch das Zugfenster auf feinstes Naturkino mit Gletschern, Fjorden, Bergen, Flüssen und Seen. In diesem Land gibt es die weltweit spektakulärsten Strecken.

Fakten

Landschaftlich ist dieses Land eine Wucht: Es gibt Fjells, Fjorde und 26 Gipfel über 2300 Meter. Norwegen ist geprägt von seiner langen Atlantikküste, deren Luftlinie knapp 3000 Kilometer beträgt, mit den Einbuchtungen der Fjorde jedoch auf eine Summe von 29.000 Kilometer kommt. Das viertgrößte Exportgut sind Fischprodukte, doch es ist die Öl- und Gasindustrie, die Norwegen zu einem der wohlhabendsten Länder macht. Norwegen ist kein günstiges Reiseland, doch mit früher Planung und Buchung bezahlbar. Ländergrenzen teilt sich Norwegen mit Schweden, Finnland und Russland, per Zug fährt man jedoch nur über erstere. Die anderen beiden befinden sich weit nördlich des Polarkreises in Lappland. Amtssprachen sind Norwegisch und Samisch, anerkannt ist auch die ostseefinnische Sprache Kvenisch. Norwegische Kronen (NOK) sind die Währung, Oslo die Hauptstadt.

LIEBLINGSSTRECKEN

Trondheim–Bodø (10 Stunden, ab 21 €)
Egal, ob bei Tag oder Nacht: Die 730 Kilometer lange Strecke Nordlandsbanen über den Polarkreis ist immer magisch. Im Hellen sieht man den Nationalpark Børgefjell, die älteste Siedlung der Nordküste namens Mo i Rana, die dichten Wälder in Trøndelag und das imposante Saltfjellet-Gebirge mit seinen wilden Flüssen, während man den Polarkreis überquert. Im Dunkeln könnten die Nordlichter funkeln. Von Bodø kann man Gletscherwanderungen auf dem Svartisen machen, Wale beobachten oder die Fähre zu den Lofoten-Inseln nehmen. Am besten lässt man sich einen ganzen Urlaub Zeit für Norwegens längste Bahnstrecke.

Dombås–Åndalsnes (80 Minuten, ab 21 €)
Für eine Exkursion auf dieser kurzen, aber schon vielfach ausgezeichneten Strecke steigt man einfach in Dombås auf die Raumabanen. Es geht vorbei an der Kylling-Brücke und Europas höchstem senkrechten Berg Trollveggen – wo es einen Fotostopp gibt – durch die Wildnis des Reinheimen-Nationalparks, immer entlang des grünen Flusses Rauma. In knapp über einer Stunde hat man die Berge hinter sich gelassen und ist in den Fjorden.

STRECKENNETZ

Von Oslo Sentralstasjon, dem größten Bahnhof des Landes, erstreckt sich das übersichtliche norwegische Bahnnetz gen Westen und Norden, quert dabei etwa 3000 Brücken und windet sich durch fast 800 Tunnel. Auch wenn es nur wenige Linien sind, haben sie es in Sachen Streckenlänge (4077 Kilometer) und Naturhighlights in sich: Die Sørlandsbanen führt ins westliche Stavanger nahe dem beeindruckenden Felsplateau Kjerag am Lysefjord, und die Bergensbanen auf Nordeuropas höchstgelegenen Bahnhof Finse. Durch Norwegens Mitte führt nur eine Zuglinie, die Nordlandsbanen bis Bodø. Um auf Schienen ins norwegische Narvik zu gelangen, Europas nördlichstem Bahnhof, muss man über Schweden fahren (S. 39, Schweden).
Mit den Nachtzügen kommt man komfortabel von Oslo nach Stavanger, Bergen und Trondheim, und von Trondheim weiter über Nacht nach Bodø.

ZÜGE

Die Norges Statsbaner benannte sich 2019 in Vy um. Es ist das norwegische Wort für Ausblick, und davon kann die norwegische Bahn wahrlich ein Lied singen. Die Züge der Flirt-Reihe sind Norwegens neueste, schnellste und modernste Züge, die auf der Vossabanen und in Norwegens Osten unterwegs sind. In Regiontog reist man auf der Bergensbanen und in schwedischen Hochgeschwindigkeitszügen Snabbtåg nach Stockholm. Die Züge haben Steckdosen, WLAN und meist einen Speisewagen oder Snackautomaten. Das Besondere der Vy-Nachtzüge: Bucht man ein Schlafwagenabteil und reist allein, muss man es nicht teilen und hat die zwei Betten für sich. Günstiger reist man im Sitzwagenabteil.

Mittlerweile kümmern sich auch andere Bahngesellschaften um die norwegischen Zugstrecken, wie Swedish SJ um die Dovrebanen und die Nordlandsbanen, British Go Ahead um die Verbindung von Oslo nach Stavanger.

PREISE UND FAHRKARTEN

Sparpreise – sogenannte Minipris, die nicht umbuchbar sind – gibt es bei früher Buchung ab 23 € und im Schlafabteil ab 55 €. Kinder unter fünf Jahren fahren umsonst mit einem Erwachsenen mit, bis 17 Jahre zahlen sie 50 % des Preises.

Fahrkarten für Züge von Vy und anderen Anbietern wie Go-Ahead oder SJ Norway gibt es auf der englischsprachigen Webseite vy.no.

ANREISE

In 13 Stunden kommt man von **Hamburg** nach Oslo, allerdings nicht in einem Rutsch. Um viele Zugwechsel oder nächtliche Stunden auf dem Bahnhof im schwedischen Halmstad zu vermeiden, fährt man am besten in 9:30 Stunden von Hamburg mit Umstieg in Kopenhagen nach Göteborg, übernachtet dort (den Anschlusszug verpasst man leider) und nimmt am nächsten Tag eine der vier Verbindungen in 3:30 Stunden direkt weiter nach Oslo.

Hamburg nach Schweden bucht man auf bahn.de und von Schweden weiter nach Norwegen auf sj.se.

Aus **Österreich** und der **Schweiz** erst nach Hamburg (S. 14, Deutschland) und von dort weiter.

BAHNLEKTÜRE

Das Eis-Schloss, Tarjei Vesaas

Finse

Oslo–Bergen

Mit dem Zug die Berge überqueren

Von Sigrid Elsrud, togbloggen.no

Anfang des 20. Jahrhunderts bauten norwegische Eisenbahningenieure und -arbeiter ein technisches Meisterwerk: Eine der landschaftlich schönsten Bahnstrecken Nordeuropas, die Bergensbanen zwischen Oslo und Bergen.

Eineinhalb Stunden nach dem Einstieg in Oslo halten wir kurz in Hønefoss. Inzwischen bin ich zum Bordcafé gegangen. Ich muss mich nicht beeilen, der Zug fährt noch zwischen Feldern, den letzten, die auf dieser Reise zu sehen sind. Rechtzeitig zurück an meinem Platz auf der linken Seite werde ich die ersten Wow-Ausblicke genießen, wenn der Krøderen-See zwischen den Tunneln zu sehen ist. Ab jetzt fährt der Zug fast zwei Stunden lang das Hallingdal-Tal hinauf.

Sigrid Elsrud lebt in Oslo. Auf ihrem Blog gibt sie ihre Erfahrungen vom Zugreisen weiter, mit Schwerpunkten auf ihrem Heimatland Norwegen und Europa.

Nachdem Passagiere in Geilo ein- und ausgestiegen sind, erklimmt der Zug das massive Bergplateau der Hardangervidda. Hier, weit über der Baumgrenze, wird die Reise mit der Bergensbanen spektakulär! Es fällt mir schwer, den Blick von der beeindruckenden Landschaft zu lösen.

Wir sind gut vier Stunden unterwegs, als der Zug in Finse hält. Dies ist mit 1222 Metern der höchste Punkt der Reise, in mehrerer Hinsicht. Hier gibt es keine Straßenanbindung zum Rest der Welt, nur diese Eisenbahnlinie. Wir steigen aus und erkunden ein, zwei Tage lang die Umgebung.

Die Weiterreise nach Bergen dauert noch zweieinhalb Stunden, und obwohl die Eisenbahn oft in Tunneln fährt, freue ich mich darauf. Denn es erinnert mich daran, dass diese Eisenbahnlinie an der Grenze dessen gebaut wurde, was möglich war – und immer noch ist.

Bergen

UND WEITER

Touristen, die mit der Bergen-Linie unterwegs sind, steigen sehr oft am Bahnhof Myrdal aus, um auf der bekannten **Flåmsbanen** weiterzufahren. In nur einer Stunde fährt dieser Zug von 866 Metern hinab auf Meereshöhe.

Die Hauptstrecke zwischen Oslo und Trondheim, **Dovrebanen**, bietet ebenfalls einen spektakulären Blick auf die Berge, wenn sie an Dovrefjell vorbeiführt. Mit etwas Glück sieht man ein Moschustier!

Zwischen Hamar und Trondheim gibt es eine östlichere Linie, die **Rørosbanen**. Auf dieser Route gibt es mehr Wald und weniger Berge zu sehen, aber man gelangt in die Bergbaustadt Røros, die auf der Liste des UNESCO-Weltkulturerbes steht.

Zwischen Oslo und Stavanger verkehrt der vierte norwegische Fernverkehrszug mit dem Namen **Sørtoget**. Man überwindet hier keine hohen Berge, hat aber einen tollen Blick auf die Küste, wenn sich der Zug Egersund nähert.

NARVIK
ABISKO TURISTSTATION
KIRUNA
GÄLLIVARE
BODEN
LULEÅ
LYCKSELE
SCHWEDEN
UMEÅ
ÅRE
DUVED
ÖSTERSUND
FINNLAND
RÖJAN
SUNDSVALL
NORWEGEN
MORA
GÄVLE
OSLO
STOCKHOLM
ESTL
GÖTEBORG
DÄNEMARK
LETTLAN
KOPENHAGEN
MALMÖ
LITAUEN

Schweden

Gen Süden oder Norden? Im Süden und in der Mitte warten Seen, Wälder und stylische Städte mit ihren Schärengärten, im Norden eine dünn besiedelte Wildnis und Fjälls.

Fakten

Vor allem im südlichen Drittel ist Schweden dicht besiedelt, dort findet man die hübsche Stadt Göteborg sowie die Hauptstadt Stockholm und ihre in der Ostsee gelegenen Schärengärten – eine aus kleinen, felsigen Inseln bestehende Küstenlandschaft. Einsamkeit und weite, wilde Landschaften sowie die größten Nationalparks des Landes finden sich im Norden. An der Grenze zu Norwegen verläuft das Skandinavische Gebirge mit den Fjälls, sogenannten Hochflächen oberhalb der Waldgrenze mit vereinzelten Seen. Schweden liegt in Teilen nördlich des Polarkreises, dort sind die Winter ziemlich dunkel und die Sommer lange hell. Im Sommer kann man mit den Schweden beim Mittsommerfest um den Maibaum tanzen und mit ihnen singen und feiern, im Winter am 13. Dezember das Luciafest mit den magischen Prozessionen bestaunen. Gesprochen und gesungen wird Schwedisch, bezahlt mit Schwedischen Kronen (SEK).

LIEBLINGSSTRECKEN

Stockholm–Narvik (18:45 Stunden, ab 54 €)
Mit dem Vy-Nachtzug dauert es 15 Stunden von Stockholm nach Kiruna, Schwedens nördlichster Stadt in Lappland. Von dort fährt der Zug zweimal täglich 3 Stunden durch die schwedische und norwegische Berglandschaft bis nach Narvik in Norwegen. Dazwischen liegen 13 Stopps, für die man sich Zeit lassen kann, um Hundeschlitten zu fahren, Langlaufen zu gehen oder zu wandern, z. B. mit dem Arctic Circle Pass drei oder sieben Tage lang (28/57 €, sj.se/arctic-circle). Mit etwas Glück sieht man auch Nordlichter.

Mora–Gällivare (19 Stunden, 215 €)
Die „Kleine Transsibirische" streift in gemächlichem Tempo mit ihren 100 Jahre alten Zugwaggons über 1000 Kilometer durch Birkenwälder, vorbei an Seen und wilden Flüssen. Je nördlicher man kommt, desto rauer wird die Landschaft, manchmal sogar gespickt mit Rentieren oder Elchen. Der Zug legt Zwischenstopps für Essens- und Fotopausen ein, an Bord gibt's ein Buffet und der Guide berichtet über die Landschaft und die Kultur der Samen. Von Mitte Juni bis Ende August kommt man mit der Inlandsbahn bis Gällivare mit Übernachtung in Östersund, im Winter von Dezember bis April von Mora bis Östersund. Der Bahnpass für 215 € ermöglicht zwei Wochen unbegrenztes Ein- und Aussteigen (inlandsbanan.se).

STRECKENNETZ

Im Süden des Landes verbindet das Bahnnetz die großen und kleinen Städte. Zwischen Stockholm, Göteborg und Malmö sind Hochgeschwindigkeitszüge unterwegs. Je weiter man in den spärlicher besiedelten Norden fährt, desto ausgedünnter ist das Netz – umso eindrucksvoller aber die Natur. Nachtzüge fahren von Göteborg, Stockholm und Malmö hoch in den Norden nach Duved, Luleå, Röjan und ins norwegische Narvik. Snälltåget bringt Wintersportler in den Skiort Åre. In der kalten Jahreszeit fährt man durch schneegezuckerte Landschaften und kann Nordlichter erblicken, im Sommer wirkt die Nachtfahrt fast wie eine Tagesfahrt, so hell scheint die Mitternachtssonne.

ZÜGE

SJ (Statens Järnägar) ist der Hauptanbieter des schwedischen Bahnnetzes, der sich mit seinen grauen Hochgeschwindigkeitszügen (Snabbtåg) vor allem um den Fernverkehr kümmert. Für den Nahverkehr sind die einzelnen Provinzen verantwortlich, die Fahrpläne und Fahrzeuge regelmäßig an die günstigsten Eisenbahnverkehrsunternehmen vergeben. In den schwedischen Nachtzügen (Nattog) gibt es Schlafwagen mit maximal drei Personen pro Abteil, Toilette und Dusche sind auf dem Gang. Liegewagen beherbergen maximal sechs Personen. Im Speisewagen bekommt man Kaffee zum Nachfüllen und Rentiergerichte. Auf manchen Strecken fährt ein Kinoabteil mit. In den Zügen von Snälltåget wählt man im Nachtzug zwischen normalem und breiterem Sitzplatz, Liegewagenabteil und privatem Schlafwagenabteil inklusive Frühstück in Krogen („Die Kneipe"), dem Speisewagen. In den Zügen von Flixtrain pendelt man in 3:30 Stunden von Stockholm mit vier Zwischenstopps nach Göteborg.

PREISE UND FAHRKARTEN

SJ bietet für mehrtägige Zugreisen die Train Hopper Card an: 15 Tage für 317 €, 30 Tage für 450 €. Reservierungen kosten extra. Die Ticketpreise orientieren sich an der Beliebtheit der Strecken und sind ab 6 € verfügbar. Ansonsten gilt wie immer: Früh buchen. Dann gibt es die Stadtverbindung Göteborg-Stockholm schon ab 20 €. Bis zu zwei Kinder in Begleitung eines Erwachsenen zahlen 50 Cent bei Tagesfahrten. Flixtrain-Tickets gibt es ab 13 €.

Fahrkarten gibt es auf sj.se, für die Inlandsbanan auf inlandsbanan.se. Die Seite resrobot.se zeigt gebündelt Verbindungen und Fahrkarten für Bus, Bahn und andere Transportwege an, auch auf Deutsch. Tickets und aktuelle Informationen zu Verbindungen mit Snälltåget findet ihr auf snalltaget.se, mit Flixtrain auf flixtrain.se.

ANREISE

Von **Hamburg** mit Umstieg in Kopenhagen nach Malmö mit der DB in 5:30 Stunden oder durchgängig von **Berlin** über Hamburg und Malmö nach Stockholm mit dem Nachtzug von Snälltåget in 17 Stunden von Ostern bis Oktober. Ab Herbst 2022 will SJ EuroNight **Hamburg** mit Stockholm in der Nebensaison verbinden. Von Deutschland kriegt man bei der DB Spartickets von Hamburg nach Malmö ab 38 € und nach Stockholm ab 57 €. Mit Snälltåget reist man ab 70 € von Berlin nach Stockholm oder ab 300 € für sechs Personen in einem Abteil.

Aus **Österreich** und der **Schweiz** erst nach Hamburg oder Berlin (S. 14, Deutschland)und von dort weiter.

BAHNLEKTÜRE

Daisy Sisters, Henning Mankell

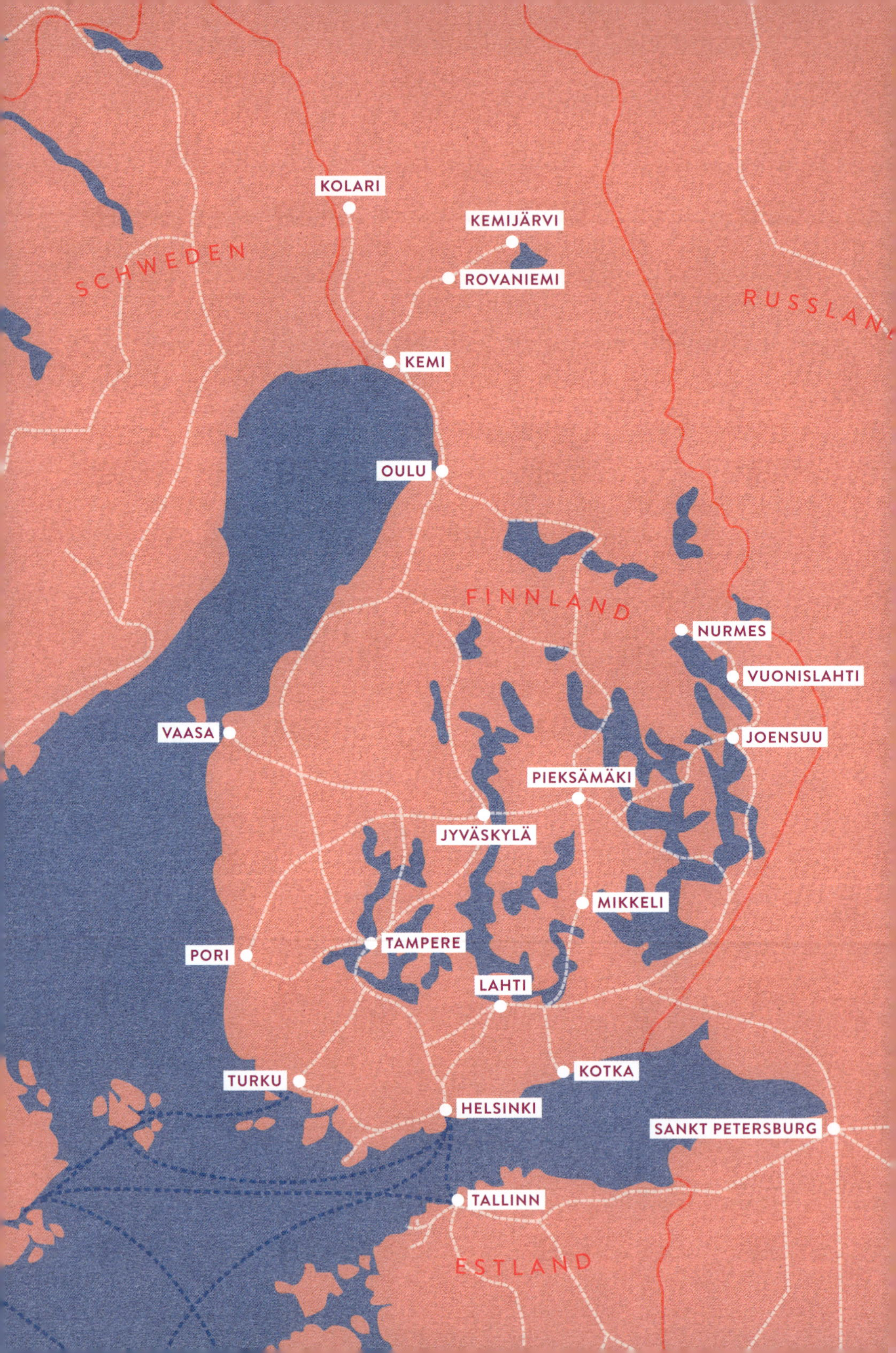
KOLARI
KEMIJÄRVI
SCHWEDEN
ROVANIEMI
RUSSLAND
KEMI
OULU
FINNLAND
NURMES
VUONISLAHTI
VAASA
JOENSUU
PIEKSÄMÄKI
JYVÄSKYLÄ
MIKKELI
PORI
TAMPERE
LAHTI
KOTKA
TURKU
HELSINKI
SANKT PETERSBURG
TALLINN
ESTLAND

Finnland

Vom inselreichen Süden in das wilde Lappland führt das nach Norden dünner werdende Eisenbahnnetz – und lockt dazu, auf eigene Faust noch weiterzufahren.

Von Sebastian Wilken und Cindy Ruch

Fakten

5,5 Millionen Einwohner auf einer Fläche so groß wie Deutschland – da bleibt viel Platz für die Natur. Die größte Grenze teilt Finnland mit Russland (1.340 Kilometer), gefolgt von Norwegen (736 Kilometer) und Schweden (614 Kilometer). Bezahlt wird mit Euro, telefoniert in Europas bestem Mobilfunknetz. In der Hauptstadt Helsinki leben ca. 630.000 Menschen.

Die finnische Sprache ist kompliziert, aber nicht ohne Charme und dürfte für 99,9 % der Weltbevölkerung ein Buch mit sieben Siegeln sein. Zum Glück spricht fast jeder in Finnland perfekt Englisch – und mancher sogar Deutsch. Ein Wort sollte man jedoch kennen: „kiitos". Das heißt „danke" und „bitte" zugleich und kann gar nicht oft genug verwendet werden. Auch hilfreich: „hei/ moi/terve" (Hallo), „kahvi" (Kaffee) und „yksi, kaksi, kolme" (die Zahlen eins, zwei, drei).

LIEBLINGSSTRECKE

Helsinki–Nurmes (ca. 7 Stunden, ab 21,20 €)
Entlang der finnischen Seenplatte im Osten fährt der IC von Helsinki nach Joensuu und der Taajamajunat weiter nach Nurmes. Dazwischen liegt der Pielinen-See, den schönsten Ausblick darauf hat man vom Berg Ukko-Koli im Nationalpark Koli. Um dorthin zu gelangen, nimmt man im Winter ein Taxi vom Bahnhof Vuonislahti, das über den See auf einer Eisstraße zum Nationalpark fährt, und im restlichen Jahr ein auf die Zugzeiten abgestimmtes Boot (koli.fi).

STRECKENNETZ

Von Helsinki breitet sich das Streckennetz der finnischen Eisenbahn VR gen Norden aus, führt zu Städten an der Westküste wie Pori und Vaasa, die Züge halten an Bahnhöfen der finnischen Seenplatte wie Pieksämäki und Mikkeli und reicht bis ins östlich gelegene Hügelland. In der nördlichen Hälfte des Landes ist das Bahnnetz simpel: Von Oulu gibt es Verbindungen über Kemi nach Kemijärvi und nach Kolari in Lappland. Die Nachtzüge der VR sind auf drei Hauptrouten unterwegs. Sie beginnen in Helsinki und führen über Tampere und Oulu nach Lappland. Im Städtchen Kemi verzweigen sich die Linien zu den Endpunkten Rovaniemi, Kemijärvi und Kolari. Die Hafenstadt Turku ist mit Kurswagen an das Nachtzugnetz angebunden, außerdem besteht Anschluss an die Fähren nach Schweden.

ZÜGE

Der Hochgeschwindigkeitszug Pendolino (S) verbindet die großen Städte am schnellsten mit 220 km/h, der klimatisierte, oft doppelstöckige InterCity fährt weitere Zielpunkte mit bis zu 160 km/h an und führt auf vielen Strecken einen vollwertigen Speisewagen mit. Der regionale Taajamajunat (H) hält auch in kleineren Orten und braucht etwas länger. Herzstück der Nachtzüge sind die modernen wie komfortablen Doppeldecker-Schlafwagen. Ein Platz im oberen Stockwerk lohnt sich wegen der Aussicht, hier sind auch die Abteile mit eigener Dusche und Toilette untergebracht. Weil die finnische Eisenbahn ähnlich wie in Russland auf breiteren Gleisen unterwegs ist, sind die Wagen geräumig und die Betten mit zwei Metern ungewöhnlich lang. In jeder Kabine gibt es ausreichend Steckdosen, das WLAN an Bord funktioniert meist tadellos. Wer kein eigenes Bett braucht, kann die Fahrt im Sitzwagen zurücklegen. Es gibt keine Liegewagen oder Schlafwagenbetreuer, die das Frühstück ans Bett servieren. Dafür führt jeder Nachtzug einen Speisewagen mit sich, in dem sich abends und morgens vorzüglich Essen und Trinken lässt. Ebenfalls mit dabei sind spezielle Gepäckwagen, die zum Beispiel die Skiausrüstung transportieren. Die finnischen Nachtzüge sind gleichzeitig Autoreisezüge und nehmen PKW und Motorräder mit. Verladeterminals gibt es in Helsinki, Turku und Tampere sowie an den Endbahnhöfen in Lappland.

PREISE UND FAHRKARTEN

Zugfahren in Finnland ist verhältnismäßig günstig. Mit etwas Vorlauf ist die Nachtfahrt von Helsinki nach Lappland schon ab 49/69 € für einen Platz im Schlafwagen/mit eigener Dusche zu haben, die Vier-Stunden-Fahrt von Helsinki nach Vaasa ab 22 € (Saver-Ticket). Fahrten in den schnellen Pendolino-Zügen sind etwas teurer. Kinder unter vier Jahren reisen umsonst mit, bis 16 Jahre zahlen sie bis zu 50 % weniger.

Im Speisewagen des Nachtzugs

Tickets gibt es online auf vr.fi und in der VR App.

ANREISE

Ohne Flugzeug nach Finnland ist nicht nur möglich, sondern auch ein kleines Abenteuer für sich. Mit dem Zug geht es zunächst nach **Stockholm** (S. 40, Schweden), dann weiter mit der Fähre (Viking Line, Tallink Silja) wunderschön durch das Schärenmeer nach Turku (ca. 11 Stunden Überfahrt) oder Helsinki (ca. 17 Stunden Überfahrt). Exotischer ist der Landweg über **Sankt Petersburg** (S. 64, Russland). Zwischen der Zarenstadt und Helsinki gibt es klasse Zugverbindungen am Tag (Schnellzug „Allegro") und in der Nacht (Nachtzug „Lew Tolstoi"). Russland-Visum nicht vergessen!

BAHNLEKTÜRE

Das Sommerbuch und **Das Winterbuch**, Tove Jansson

Helsinki–Kemijärvi

Im Nachtzug nach Lappland

Von Sebastian Wilken, traintracks.eu

Das Schauspiel beginnt hinter Oulu. Wir haben die nördlichste Großstadt der Europäischen Union gerade verlassen, als ich das Rollo zum ersten Mal hochschiebe. Ich blicke in ein Meer aus Farben. Rot, gelb, orange, grün – und alle Abstufungen dazwischen. Wieder einmal hat mich der Nachtzug in eine andere Welt katapultiert! Wo eben noch dichter Wald war, sind jetzt einzelne Bäume, dazwischen blitzen Tümpel und Moor. Ruska heißt diese besondere Zeit in Lappland. Mit Herbst ist sie nur unzureichend beschrieben. Es ist ein letztes Aufbäumen der Natur, ehe sich Schnee und ewige Nacht über das Land legen. Für die Finnen hat das eine besondere Bedeutung. Noch einmal Wasser statt Eis, noch einmal die Wanderschuhe schnüren, und vor allem: noch einmal Farbe tanken.

Sebastian hat sich auf einer Interrail-Reise in Finnland verliebt. Als Wissenschaftler kam er nach Turku zurück, wo er seitdem lebt. Von dort zog es ihn immer wieder mit dem Zug nach Norden.

Und ich? Betrachte das Schauspiel aus meiner Loge. Das Abteil im Schlafwagen ist genau so, wie ich Finnland kennengelernt habe: Ohne Schnörkel, dafür mit viel Herz. Ich muss mich zwingen, unter meiner warmen Decke hervorzuschlüpfen. Aber ein Gang durch den Zug lohnt sich immer. Durch lange Korridore und vorbei an plüschigen Sitzen erreiche ich den Speisewagen.

Bei Kaffee und Haferbrei lausche ich andächtig den Geschichten. Nicht selten handeln sie vom Bären, den sie ehrfürchtig Karhu nennen. Oder waren es doch nur die Blaubeeren, die hier so irrwitzig die Landschaft füllen? Selig gleiten wir dahin – und ich freue mich schon auf das nächste Feuerwerk: Ruska, das ist nämlich auch der Start in die Polarlicht-Saison.

LAND DER EXTREME

Lappland ist die größte, nördlichste und mit Abstand am dünnsten besiedelte Provinz in Finnland. Hier befinden sich Finnlands höchster Berg (Halti), längster Fluss (Kemijoki) und drittgrößter See (Inarisee). Zu den Einwohnern zählen etwa 7000 Samen, das letzte Urvolk Europas. Viele von ihnen leben noch immer von der Rentierzucht.

Lapplands **Jahreszeiten** sind extrem ausgeprägt. Auf einen kurzen, aber warmen Sommer folgt ein harter Winter. Dazwischen, irgendwann im September, klemmt sich die Ruska. Um den Jahreswechsel ist Polarnacht, die Sonne steigt dann nicht mehr über den Horizont. März und April sind ideal für Wintersportler: schneesicher, aber schon wieder richtig hell. Die Schneeschmelze im Mai und Juni sorgt für einen feuchten Frühling. Juli ist die Hochsaison der Wanderer – aber auch der Mücken. Letzteres hat sich ab August erledigt.

Aurora borealis heißt das Spektakel, das man so schnell nicht vergisst. In Lappland stehen die Chancen, das grün-violette Himmelsband zu beobachten, ziemlich gut. Neben einer dunklen, wolkenlosen Nacht braucht es dazu eine gewisse Sonnenaktivität. Letztere ist in den Übergangsmonaten im Herbst und Frühling besonders groß.

STATIONEN

Lapplands Hauptstadt **Rovaniemi** (62.000 Einwohner) ist schnell erkundet. Profis machen sich in den Shopping-Center rund um den Lordi-Platz noch einmal die Proviantbeutel voll, ehe es in die richtige Wildnis geht. Rovaniemi rühmt sich als Heimat des Weihnachtsmanns. Vor den Toren der Stadt ist ihm ein ganzes Dorf gewidmet.

Alle großen Hotelketten wie Scandic oder Sokos sind in Rovaniemi vertreten. Wirklich billig ist keine davon. Wer eine günstige Bleibe sucht, probiert es besser in Santa's Hotel Rudolf (Koskikatu 41). Rovaniemi hat eine lebendige Restaurantszene mit samischer Küche.

Mein Tipp: Das beschauliche Städtchen **Kemijärvi** liegt am gleichnamigen See und bietet alle Annehmlichkeiten. Perfekt zum Wandern, Angeln, Seele baumeln lassen. Unbedingt zu empfehlen ist ein Ausflug in den nahen Nationalpark Pyhä-Luosto (tägliche Busverbindung).

Im familiär geführten Strandhotel Uitonniemi (uitonniemi.fi) kann man vom traditionellen Saunahaus direkt in den See hüpfen. Gut und preiswert essen lässt es sich im Mestarin Kievari (Kirkkokatu 9), unter der Woche gibt es ein typisch finnisches Mittagsbuffet („Lounas").

Die Route nach **Kolari** ist das Highlight für Bahnromantiker: Zwei schnaufende Dieselloks ziehen den Nachtzug den Grenzfluss Tornionjoki hinauf. Zum Teil kommen noch die alten, einstöckigen Schlafwagen zum Einsatz. Kolari selbst ist ein verschlafenes Nest mit 4000 Einwohnern. In der Gemeinde liegt der 718 Meter hohe Yllästunturi, Skisaison ist von Oktober bis Mai.

Hotels gibt es direkt in Kolari keine. Wer bleiben möchte, sucht sich eine Unterkunft in den nahen Skigebieten.

Auch das gastronomische Angebot ist überschaubar: ein Café und ein Imbiss, beide bahnhofsnah.

UND WEITER

Wo die Schiene endet, geht das wilde Lappland erst richtig los. Von Rovaniemi fährt der Bus in die letzten Ecken des Landes, zum Beispiel bis Kilpisjärvi oder an den Inarisee (Busfahrpläne: matkahuolto.fi). In Inari ist ein Zwischenstopp im Sami-Museum Siida unbedingt zu empfehlen. Wer mag, kann im Sommer sogar bis zum Nordkap (gehört zu Norwegen) durchfahren.

Finnland hat ein dichtes Netz von hervorragend gepflegten **Nationalparks** (nationalparks.fi), von denen sechs in Lappland liegen: Bottenwiek, Lemmenjoki, Pyhä-Luosto, Pallas-Yllästunturi, Riisitunturi und Urho-Kekkonen. Alle sind mit Nachtzug und Anschlussbus zu erreichen und bieten ausgedehnte Wanderwege, Schutzhütten, Naturzentren und vieles mehr.

Ähnlich wie in Schweden und Norwegen gilt auch in Finnland das **Jedermannsrecht.** Die Idee: Jeder darf sich frei in der Natur bewegen und entfalten, solange er nichts als Fußspuren hinterlässt. Ausdrücklich erlaubt sind unter anderem Wildcampen, Beerensammeln und Fischen. Achtung: In den Nationalparks gibt es Einschränkungen!

Isokuru-Tal im Nationalpark Pyhä-Luosto

RUSSLA
Kaliningrad
Berlin
POLEN
Warschau
Prag
TSCHECHIEN
SLOWAKEI
Wien
Bratislava
Budapest

In den Osten

Sankt Petersburg
LETTLAND
Vilnius
Minsk
BELARUS
Moskau
RUSSLAND
Kiew
UKRAINE
MOLDAWIEN
Chişinău

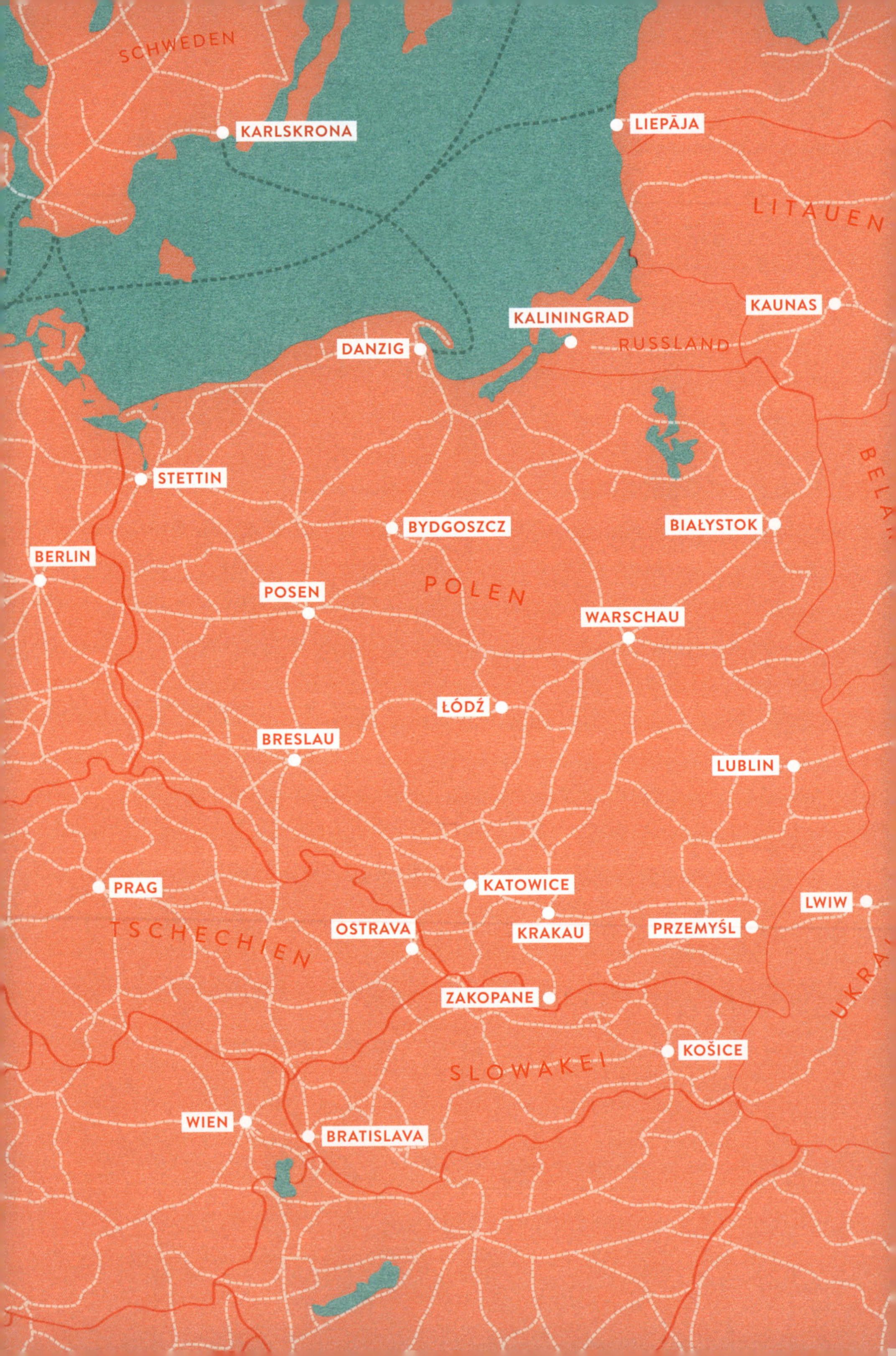
SCHWEDEN
KARLSKRONA
LIEPĀJA
LITAUEN
KAUNAS
KALININGRAD
RUSSLAND
DANZIG
STETTIN
BYDGOSZCZ
BIAŁYSTOK
BERLIN
POSEN
POLEN
WARSCHAU
ŁÓDŹ
BRESLAU
LUBLIN
PRAG
KATOWICE
LWIW
OSTRAVA
KRAKAU
PRZEMYŚL
TSCHECHIEN
ZAKOPANE
KOŠICE
SLOWAKEI
WIEN
BRATISLAVA

Polen

Mit Polens Zügen kommt man von hübschen Altstädten bis zu Warschaus Palästen. Auch die Ostsee, das Hochgebirge und die Seen sind an das Zugnetz angeschlossen.

Fakten

Im Norden befindet sich die 528 Kilometer lange Ostseeküste, im Süden das polnische Mittelgebirge und das Hochgebirge Tatra und mittendrin hübsche Städte wie Krakau (Kraków), Breslau (Wrocław) und Posen (Poznań). Die Hauptstadt Warschau (Warszawa) liegt in der östlichen Hälfte des Landes und ist mit ihren sowjetischen Bauten, der UNESCO-Altstadt und der unkomplizierten Zugverbindung einen Besuch wert. Im Nordosten befinden sich einige der Seenplatten. Neben der entzückenden Landschaft begegnet einem natürlich auch der Holocaust, so liegt das Konzentrationslager Auschwitz in der Nähe von Krakau. Polen hat sieben Nachbarländer: Russland (Kaliningrad), Litauen, Belarus, Ukraine, die Slowakei, Tschechien und Deutschland. Polnisch ist die Amtssprache, mit Deutsch oder Russisch kommt man manchmal weiter als mit Englisch. Gezahlt wird mit Złoty (PLN).

LIEBLINGSSTRECKEN

Berlin–Warschau (6 Stunden, ab 29 €)
Viermal täglich begibt sich der Berlin-Waszawa-Express auf seine Reise in den Osten. An Bord wird noch frisch gekocht, die Piroggen und Szarlotka (Apfelkuchen) schmecken köstlich, während man nach draußen auf die flache polnische Landschaft schaut. Tipp: Bei der Buchung einen Zwischenhalt in Posen mit gewünschter Aufenthaltsdauer eingeben, dort gibt es auch großartiges Essen.

Krakau–Zakopane (4 Stunden, ab 3 €)
Zakopane war einst der Treffpunkt von Polens intellektueller Elite, nach wie vor stehen wunderschöne Villen dort. Heutzutage ist die Stadt Wander- und Wintersportort. Der Zug dorthin windet sich langsam hoch ins Tatragebirge und braucht dafür doppelt so lang wie der Bus – ist also etwas für wahre Zugfans. Wer noch höher möchte, nimmt Polens einzige Hochgebirgsseilbahn (15 Minuten mit ÖV entfernt) zum Kasprowy Wierch, knapp 2000 Meter über dem Meeresspiegel.

STRECKENNETZ

Im Westen ist das polnische Zugnetz sehr dicht und dünnt gen Osten aus, wo sich einige Naturparks befinden. Da Polen sieben Nachbarländer hat, ist der internationale Transitverkehr wichtig. So kommt man von West nach Ost mit dem Berlin-Warszawa-Express und von dort weiter über Belarus bis nach Moskau. Südlicher fahren die Züge von Berlin über Breslau und Krakau nach Przemyśl an der ukrainischen Grenze, und über die Tatra kommt man in die Slowakei und nach Tschechien.
Auch Nachtzüge queren Polen: Von Berlin über Krakau nach Przemyśl in Ostpolen, oder von Breslau über Lwiw nach Kiew in der Ukraine. Der Nachtzug Rozewie quert das Land von der Ostsee bis zum Gebirge.

ZÜGE

PKP Intercity verbindet die wichtigsten polnischen Städte auf den Fernverkehrsstrecken mit dem bis zu 200 km/h schnellen Express InterCity (EIC) und Express InterCityPremium (EIP) und den günstigeren InterCity (IC) und Twoje Linie Kolejowe (TLK) – wobei letztere meist ältere Waggons führen. In diesen Zügen ist eine Reservierung nötig, bis auf die EIP-Züge kann man diese aber auch im Zug erwerben.
PolRegio kümmert sich um den Regionalverkehr mit Regio- und InterRegio-Zügen. Weitere Eisenbahnunternehmen befahren einzelne Regionen in Polen wie die Koleje Dolnośląskie in Niederschlesien.
In den Nachtzügen der PKP gibt es Schlafwagen mit ein bis drei Betten, Kaffee oder Tee und ein Frühstückssnack sind inklusive. Möchte man eine Einzelkabine, braucht man ein 1. Klasse-Ticket. Im Liegewagenabteil ist Platz für drei bis sechs Personen.

PREISE UND FAHRKARTEN

In grenznahe Gebiete kommt man von Deutschland nach Polen ab 19 €, in entferntere für 38 €. PKP Intercity bietet ein Wochenendticket (Bilety weekendowe) ab 17 € für unbegrenzte Fahrten von Freitag (19 Uhr) bis Montag (6 Uhr) in ihren IC- und TLK-Zügen an. Auch für einzelne Strecken kann man günstige Tickets erwerben, eine Fahrt von Warschau nach Krakau beispielsweise ab 14 €. Kinder unter vier Jahren reisen umsonst mit.

Fahrkarten für Strecken innerhalb Polens und einige internationale Verbindungen kann man auf den englischsprachigen Buchungsseiten von portalpasazera.pl oder rozklad-pkp.pl kaufen.
Das Wochenendticket gibt es auf bilet.intercity.pl. Tickets aus Deutschland auf bahn.de – manchmal sind sie aber günstiger auf den polnischen Webseiten.

ANREISE

Täglich kommt man von **Berlin** nach Warschau (5:30 Stunden), Danzig (Gdańsk, 5:45 Stunden), mit dem Nachtzug Richtung Wien nach Breslau (4:15 Stunden) und im EC über Krakau (7 Stunden) nach Przemyśl (10 Stunden). Nachts reist man im Schlafwagen der PKP länger (Krakau 9:30 Stunden, Przemyśl 13:30 Stunden).

Mit dem Nachtzug von **Wien** nach Krakau (7:30 Stunden) oder Warschau (11 Stunden), und tagsüber nach Danzig (10 Stunden) und Warschau (7:30 Stunden).

Ab **Basel** in 13:45 Stunden mit Umstieg in Berlin nach Warschau.

BAHNLEKTÜRE

Gesang der Fledermäuse und **Unrast**, Olga Tokarczuk
Der Osten, **Der Stich im Herzen** und **Die Beskiden-Chronik** von Andrzej Stasiuk

Breslau

Fakten

Litauen ist das südlichste der baltischen Länder und vereint auf kleinstem Raum kopfsteingepflasterte Altstädte, feine Sandstrände und hügelige, moor- und seereiche Nationalparks. Die Altstadt von Vilnius, die Halbinsel Kurische Nehrung und der Ort Kernavé sind UNESCO-Weltkulturerbe. Seit 2015 zahlt man in Litauen mit dem Euro. Die Sprache ist Litauisch, an der Ostsee wird manchmal Deutsch gesprochen, im Westen Polnisch, die Älteren können meist Russisch und die Jüngeren Englisch.

Litauen

Von der Hauptstadt Vilnius führen die Gleise an die Ostsee, in Nationalparks und zu Sehenswürdigkeiten wie der Wasserburg Trakai und dem Berg der Kreuze. Sind die Gleise zu Ende, warten Busse, die bis in die ostpreußische Sahara fahren.

LIEBLINGSSTRECKEN

Vilnius–Klaipėda (4 Stunden, ab 20 €)
Von der Hauptstadt zur Ostsee: Da etwa vier Züge pro Tag fahren, kann man Zwischenstopps einlegen wie in Šiauliai beim Berg der Kreuze oder in Plungė beim Samogitian National Park. Erreicht man die Hafenstadt Klaipėda, nimmt man den Bus über die Kuhrische Nehrung nach Nada – eine beeindruckende Fahrt über die schmale, sandige Halbinsel, die zum UNESCO-Weltkulturerbe gehört. Die größte Düne liegt am Ziel bei Nidden (Nida), hieß einst „ostpreußische Sahara“ und hat schon Thomas Mann in seinem nahegelegenen Sommerhaus inspiriert.

Vilnius–Ignalina (1:45 Stunden, ab 4 €)
Der Aukštaitija National Park ist der älteste Nationalpark des Landes, das sogenannte litauische Bergland. Es ist neben seinen Hügeln für die vielen Seen, Flüsse, Sümpfe und alten Dörfer mit ihren Holzhäusern bekannt. Hier kann man schön paddeln, wandern und radfahren. Im Zug kann man im Gegensatz zum Bus auch ein Fahrrad mitnehmen.

STRECKENNETZ

Das Bahnnetz ist überschaubar, und doch erreicht man die wichtigsten litauischen Städte bequem und günstig per Zug. Von Vilnius kommt man direkt in die Hafenstadt Klaipėda an der Ostsee, zur litauisch-lettischen Grenze nach Turmantas, zur alten Wasserburg Trakai und nach Kaunas, der zweitgrößten Stadt und weiterem Hauptverkehrsknoten. Möchte man zu kleineren Orten, sollte man auf das dichtere Bussystem zurückgreifen.
Am Wochenende fahren Züge nach Polen (Kaunas–Białystok, 7 Stunden) und Lettland (Vilnius–Daugavpils). Ein Pendelzug fährt in 2:30 Stunden von Vilnus nach Minsk (Belarus). Auch die Züge nach Moskau fahren über Belarus – tagsüber muss man in Minsk umsteigen, im Nachtzug fährt man durch, ein Transitvisum für Belarus und ein Visum für Russland braucht man immer.

ZÜGE

Lietuvos geležinkeliai ist Litauens Eisenbahngesellschaft, die das Land mit Diesel- und Elektrotriebzügen abdeckt. Die klimatisierten Doppelstockwagen bieten kostenfreies WLAN, in der 1. Klasse von Vilnius nach Klaipėda gibt es gratis Getränke und Snacks.

PREISE UND FAHRKARTEN

Quer durch das Land fährt man ab 20 €. Kinder unter sieben Jahren, die keinen eigenen Sitzplatz benötigen, fahren kostenfrei mit oder zahlen mit Sitzplatz 50 %. Am Geburtstag zahlt man auch nur die Hälfte. Reservierung lohnt sich vor allem auf der Strecke an die Ostsee. Von Deutschland nach Litauen reist man ab 50 € (Europa Sparpreis der DB nach Warschau + Fahrt mit PKP Intercity nach Białystok + Fahrt nach Kaunas).

Fahrkarten bekommt man auf Litauisch, Russisch oder Englisch auf traukiniobilietas.lt.

ANREISE

Mit dem Berlin-Warszawa-Express gelangt man von **Berlin** nach **Warschau**, von dort über **Białystok** und Kaunas nach Vilnius. Man muss dreimal umsteigen und verbringt insgesamt ca. 14 Stunden im Zug – am besten bleibt man eine Nacht in Warschau, um die Reise zu splitten. Dabei beachten, dass die Zügen von Polen nach Litauen nur Freitag bis Sonntag fahren.

Von **Wien** mit dem Nachtzug und von **Basel** über Berlin mit dem Zug nach Warschau (S. 52, Polen) und von dort weiter.

BAHNLEKTÜRE

Mein Nidden, Frido Mann
Vilnius – Eine Stadt in Europa, Tomas Venclova

Fakten

Lettland liegt im Zentrum des Baltikums und punktet mit feinen Sandstränden, eleganten Ostseebädern und seinen vielen Seen in einem Moränenhügelland. Insgesamt ist es sehr flach und dünn besiedelt und etwas kleiner als Bayern. Naturschutz liegt den Letten am Herzen, und so hat sich neben Elchen, Luchsen und Wölfen auch der Europäische Braunbär hier wieder heimisch gemacht. In Riga treffen Jugendstilfassaden auf skandinavisch anmutende Cafés. Die Markthalle und das Schwarzhäupterhaus sollte man sich anschauen. Seit 2014 zahlt man mit Euro. Lettisch ist Amtssprache, doch Russisch ist nach wie vor die Muttersprache vieler Einwohner.

Lettland

Es kann passieren, dass man beim Anblick der lettischen Holzvillen am Ostseestrand und in den Wäldern direkt einziehen möchte. Falls nicht, keine Sorge: Es gibt weitere sehenswerte Stationen in Lettland, von der quirligen Hauptstadt Riga bis hin zu einsamen Naturflecken.

LIEBLINGSSTRECKEN

Riga–Sigulda (60 Minuten, 1,90 €)
Sigulda ist das Tor zum Gauja-Nationalpark, auch gern lettische Schweiz genannt. Nur 53 Kilometer von Riga entfernt ist das ein idealer Tagesausflug, um im Sommer zu wandern, im Winter Ski zu fahren oder jederzeit die Burg Turaida zu besuchen, zu der Lettlands einzige Seilbahn von Sigulda hochfährt.

Riga–Majori (30 Minuten, 1,40 €)
Auch die Strände des Ostseebads Jūrmala sind nur eine kurze Fahrt durch Nadelwälder entfernt. Jūrmala besteht aus 15 Orten und hat mehrere Haltestellen auf der Linie Riga–Tukums. Schöne Holzvillen befinden sich in Majori, ein Pfad über Moore im Nationalparks Ķemeri und der lange Strand zwischen den Bahnhöfen Bulduri und Vaivari. Wer es ruhiger mag, fährt von Riga nach Saulkrasti (eine Stunde).

STRECKENNETZ

Von Riga führen fünf Bahnlinien in alle Himmelsrichtungen – gen Norden ins estländische Valga und nach Skulte, gen Westen nach Tukums, gen Südwesten zur Hafenstadt Liepāja und gen Osten nach Aizkraukle, die sich in drei weitere Linien aufteilt, wovon eine über Daugavpils nach Russland, Belarus und Litauen führt. Der Güterverkehr auf Schienen ist wichtiger als der Personenverkehr, weswegen das Bahnnetz ein bisschen dünn ist. Nach Estland zum Beispiel bringt einen der Bus schneller ans Ziel. Die meisten Züge fahren täglich, von der Hauptstadt nach Liepāja gelangt man allerdings nur am Wochenende.

ZÜGE

Rund um Riga fahren Elektrozüge und im restlichen Land Diesellokomotiven. In den letzten Jahren wurden viele Züge modernisiert und sind nun klimatisiert unterwegs. Hin und wieder erwischt man auch einen alten Zug aus Sowjetzeiten. Pasazieru vilciens kümmert sich um den Personenverkehr. Auf den Dieselzugstrecken fährt manchmal ein Bücherei-Abteil mit, organisiert von der Bibliothek des Imants-Ziedonis-Museums zu Ehren des lettischen Dichters. Man erkennt es am Sticker „Cela ar gramatu!“ an der Waggontür. Essen wird in den Zügen nicht verkauft.

PREISE UND FAHRKARTEN

In Lettland muss man nicht vorbuchen, Tickets haben ihren festen Preis. Es gibt fünf Zonen im Umkreis von Riga, für die man zwischen 90 Cent bis 3,10 € zahlt. Weiter kommt man in drei Stunden für 7 € von der Hauptstadt nach Liepāja oder für 6 € ins estländische Valga. Auf Hin- und Rückweg spart man 5 %, Kinder unter sieben Jahren bekommen das Ticket am Schalter kostenfrei. In der Komforta klase hat man mehr Platz für einen Aufpreis von 1,40 €.

Fahrkarten gibt es auf pv.lv (in Lettisch, Russisch und Englisch) oder am Schalter (+ 50 Cent) – wenn letzterer geschlossen ist, kauft man die Fahrkarte im Zug.

ANREISE

Per Zug via Polen nach **Vilnius** (S. 55, Litauen), dann mit dem Wochenendzug nach Daugavpils und weiter nach Riga. Oder mit der Fähre ab Travemünde (Deutschland) nach Riga.

BAHNLEKTÜRE

Muttermilch, Nora Ikstena

Straumeni, Edvarts Virza

Fakten

Der Hauptbahnhof von Tallinn liegt direkt in der UNESCO-geschützten Altstadt, nur wenige Schritte weiter steht man inmitten gläserner Wolkenkratzer. Estland ist traditionell und modern zugleich. Da sich Tallinn direkt an der Ostsee befindet und somit auch auf Kreuzfahrtrouten, füllt sich die Stadt schnell mit Spaziergängern. Deshalb geht man am besten morgens oder am späten Nachmittag auf Erkundungstour.
Das estnische Hinterland ist flach mit vielen Mooren, Wäldern und Seen, und schaut man geduldig aus dem Zugfenster, kann man vielleicht Elche und Rehe entdecken. Auch Braunbären und Wölfe gibt es.
Die Amtssprache ist Estnisch, doch da vor allem zu Sowjetzeiten viele Russen nach Estland kamen, hört man auch (das nicht als Amtssprache anerkannte, aber viel gesprochene) Russisch. Wie in den anderen baltischen Staaten zahlt man mit Euro.

Estland

Zwischen Finnland und Russland eingebettet, bewahrt sich Estland seine eigene Haltung und Schönheit: Es bietet die längste Küstenlinie der drei baltischen Staaten, Moorlandschaften und die tolle Hafen- und Hauptstadt Tallinn.

LIEBLINGSSTRECKE

Tallinn–Aegviidu (ab 46 Minuten, 3 €)
In Estland gibt es noch mystische Moorlandschaften. Der Naturpark Põhja-Kõrvemaa ist ein beliebtes Tagesausflugsziel von Tallinn aus und lässt sich gut per Zug erreichen. Hier wandert man auf Moorpfaden, durch Nadelwälder und an Seen vorbei, kann auch Pilze und Beeren sammeln. Der Zug fährt bis Aegviidu, in dessen Bahnhof es Schließfächer und tatsächlich auch Saunen gibt. Estlands längster Wanderweg Oandu-Ikla (370 Kilometer) führt durch den Ort.
Zu Estlands anderen Mooren wie im Nationalpark Soomaa oder Lahemaa fahren Busse.

STRECKENNETZ

In der Küstenregion verläuft eine Bahnlinie vom Ostseestrandbad Paldiski über Tallinn, wo die Fähre in zwei Stunden nach Helsinki übersetzt, bis zur russischen Grenze im Osten. Man kommt zur Studentenstadt Tartu und weiter an die litauische und russische Grenze.
Der Zugverkehr in Estland ist nicht so gut ausgebaut wie das Bussystem, doch seit dem Eintritt in die EU wird fleißig modernisiert. Die größte Hoffnung liegt auf dem Projekt Rail Baltica, das Polen mit den baltischen Staaten bis nach Finnland auf europäischer Normalspur verbinden soll.
Die russische Bahn RZD bietet gemütliche Nachtverbindungen im Baltiski Express ab Tallinn an: Sankt Petersburg (8 Stunden) erreicht man noch vor Mitternacht, Moskau (16 Stunden) am nächsten Morgen.

ZÜGE

Auch wenn die Überlandbusse (noch) beliebter sind, strengt sich das Zugsystem an: Es ist günstiger und wird nach und nach moderner. Die estnischen Züge rollen unter dem Namen Elron auf russischer Breitspur durch das Land. Die alten Züge wurden mit neuen, in der Schweiz hergestellten, klimatisierten Stadtler FLIRT-Zügen ausgetauscht. Es gibt kostenloses WLAN, 1. und 2. Klasse, aber keine Speisen an Bord.
Die Nachtzüge nach Russland fahren täglich, es gibt Schlafwagen in der 1. (2-Bett-Abteil), 2. (4-Bett-Abteil) und 3. Klasse (Waggon) und Sitzplätze, allerdings ebenfalls kein Essen.

PREISE UND FAHRKARTEN

Im Kreis um Tallinn ist das Preissystem in fünf Zonen aufgeteilt, von 1,30 bis 4,60 €. Beim Onlinekauf spart man 15%, Kinder

unter sieben Jahren reisen kostenfrei. Auch über die Tallinn-Zone hinaus sind die Züge bezahlbar: Die etwa zweistündigen Fahrten von Tallinn in die Universitätsstadt Tartu oder nach Narva an der russischen Grenze kosten etwa 10 €. Eine Fahrt im Nachtzug nach Moskau für 1./2./3. Klasse bekommt man ab 120/60/50 €, einen Sitzplatz ab 30 €.

Fahrkarten gibt es auf elron.ee (Estnisch, Russisch, Englisch), am Schalter oder direkt beim Schaffner. Nachtzugtickets zwischen Estland und Russland gibt es auf rzd.ru.

ANREISE

Am besten macht man eine mehrtägige Zugreise aus der Anreise und fährt mit Zwischenstopps über **Warschau** und **Białystok** (S. 52, Polen), **Vilnius, Kaunas** (S. 55, Litauen) und **Daugavpils, Riga** (S. 57, Lettland) ins estnische Valga und und nimmt von dort den Zug nach Tallinn.

BAHNLEKTÜRE

Wo die Ostsee Westsee heißt,
Tilmann Bünz

Fakten

Die Hälfte des Landes ist bewaldet. Mit Polen teilt sich das Land den Białowieża-Nationalpark, eines der letzten Urwaldgebiete in Europa. Dort leben auch noch Wisente, die belarussischen Nationaltiere. Im Süden gibt es Sumpfgebiete, im Norden an der Grenze zu Lettland und Russland die blauen Seen des Nationalparks Braslaw-Seen. Die Hauptstadt Minsk (Мінск) bietet volles Theater- und Museumsprogramm, die in der Nähe liegenden Schlösser Mir und Njaswisch gehören zum UNESCO-Weltkulturerbe. Denkmäler wie in Brest (Брэст) erinnern an den Zweiten Weltkrieg, in dem Belarus aufgrund seiner Lage zum zentralen Ort der Kämpfe zwischen dem Deutschen Reich und der Sowjetunion wurde. Belarus befindet sich abseits touristischer Pfade. Die politische Lage sollte man im Auge behalten: Seit 1994 ist Aljaksandr Lukaschenka der autoritär und repressiv regierende Präsident, womit das Land als letzte Diktatur Europas gilt.
Wer über den Landweg kommt, muss ein Visum beantragen. Nur über den Flughafen Minsk kann man visumsfrei einreisen. Bei einem Aufenthalt, der länger als zehn Tage dauert, ist eine Registrierung bei der Behörde OGIM fällig. Beim Passieren der Grenze nach Russland kann es laut Auswärtigem Amt zu Zurückweisungen kommen, auch deshalb vorab informieren. Die Amtssprachen sind Belarussisch und Russisch, letztere wird am häufigsten verwendet.

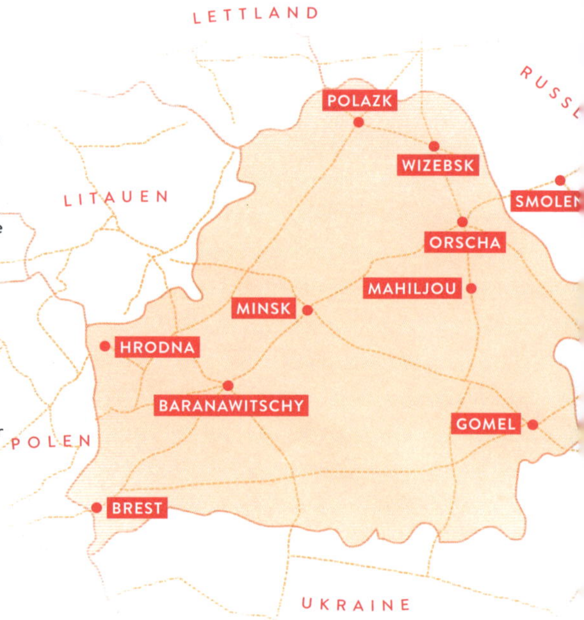

Belarus

Mit beeindruckenden Nationalparks, märchenhaften Schlössern und einer kulturreichen Hauptstadt punktet das touristisch noch ziemlich unentdeckte Land. Allerdings ist es politisch unruhig, das Regime geht gegen Kritiker mit voller Härte vor.

LIEBLINGSSTRECKE

Brest–Minsk (ab 3 Stunden, ab 5 €)
Nimmt man den Zug von Berlin nach Moskau, fährt man auch durch Brest und Minsk. Mit einem Transitvisum bleibt man im Zug und schaut sich Belarus durch das Fenster an. Mit einem vorab beantragten Touristenvisum kann man aber auch aussteigen, von Brest aus den Białowieża-Nationalpark besuchen und Minsk besichtigen.

STRECKENNETZ

Von Minsk im Zentrum des Landes führen die Hauptgleise in alle Richtungen wie an die polnische Grenze im Westen nach Brest und Hrodna, in den Nordosten zu Belarus' ältester Stadt Polazk, in den Osten nach Wizebsk und Mahiljou und in den Südosten nach Gomel.
Es gibt internationale Verbindungen in die Hauptstädte von Polen, Lettland, Litauen und der Ukraine.
Ist man auf dem Weg von Westeuropa nach Russland, reist man aufgrund seiner geografischen Lage automatisch durch Belarus: Züge aus Berlin, Paris und Nizza Richtung Moskau fahren über Brest, Minsk und Orscha.

ZÜGE

Die interregionalen Züge fahren bis zu 100 km/h, an Bord gibt es Essen und WLAN. Züge der Business Class sind schneller unterwegs, die Economy Class macht mehr Zwischenstopps und fährt teils auch als Nachtzug mit Großraumliegewagen und 4-Bett-Abteil. Bettwäsche kann für weniger als 1 € ausgeliehen werden, in internationalen Zügen ist sie im Ticketpreis enthalten. Kinder unter fünf Jahren fahren kostenfrei mit, man muss dennoch ein Ticket buchen.
Neben den Nachtzügen der russischen Bahn von Westeuropa nach Moskau verkehren täglich von Minsk aus der Zug „Belarus“ nach Moskau, der Zug „Bely Aist“ nach Kiew und ein Pendelzug nach Vilnius.

PREISE UND FAHRKARTEN

Tickets sind günstig: Von Minsk nach Brest kommt man mit Zügen der Business Class ab 3:30 Stunden für etwa 4 € und der Economy Class-Zügen ab 4:30 Stunden im Großraumliegewagen/ 4-Bett-Abteil für etwa 3/5 €.

Fahrkarten gibt es an den Bahnhöfen und online auf Englisch auf pass.rw.by. Tickets kann man im Voraus kaufen: bei internationalen Zügen 60 Tage, bei interregionalen Zügen 45 Tage und bei regionalen Zügen 10 bis 20 Tage vor Abfahrt.

ANREISE

Minsk erreicht man direkt mit Nachtzügen aus **Berlin**, die weiter nach Moskau (S. 64, Russland) fahren. Alternativ fährt man nach **Warschau** (S. 52, Polen), und kommt von dort mit dem Zug in etwa sieben Stunden über Brest nach Minsk.

Der Moskau Nizza-Express (S. 63, Russland) fährt Sonntagabend durch **Innsbruck** und erreicht Dienstagmorgen Belarus (Brest, Baranawitschy, Minsk und Orscha).

Von **Zürich** nach Berlin (S. 14, Deutschland) oder Innsbruck (S. 19, Österreich), und von dort weiter mit einem der Nachtzüge.

BAHNLEKTÜRE

Minsk – Sonnenstadt der Träume, Artur Klinau
Paranoia, Viktor Martinowitsch (vorab lesen, da in Belarus verboten)

Fakten

Russland ist der größte Staat der Welt, und zieht sich von Westen – wo sich Moskau (Москвá) und Sankt Petersburg (Санкт-Петербург) befinden und der größte Teil der Bevölkerung lebt – über elf Zeitzonen, 9000 Kilometer und die zwei Kontinente Europa und Asien bis in den Osten ans Japanische Meer. Eine Durchquerung mit dem Zug ist zu jeder Jahreszeit spannend: Im Sommer sind die Tage am längsten, die Züge aber am vollsten. Im Winter sind die Züge beheizt und fahren durch sibirische Winterlandschaften. Russisch ist die Amtssprache, in den einzelnen Regionen spricht man zusätzlich die jeweiligen Volkssprachen. Englisch findet man nur in den Großstädten. Das kyrillische Alphabet ist die offizielle Schrift, man sollte es vorab lernen.
Plant unbedingt genug Zeit für die Organisation des Visums ein. Das geht einfach über eine Agentur, aber auch auf eigene Faust. Für Russland braucht man eine offizielle Einladung. Wenn ihr über Belarus reist, braucht ihr ein Transitvisum, das ihr erst nach Vorlage des russischen Visums bekommt. Überprüft unbedingt aktuelle Infos des Auswärtigen Amts, die über mögliche Einreiseschwierigkeiten berichten.
Die Oblast Kaliningrad (Калинингрáд) – ehemaliges Königsberg – liegt an der Ostsee umrahmt von Polen und Litauen. Für dieses Gebiet gibt es ein eigenes, kostenfreies elektronisches Visum für Aufenthalte von bis zu acht Tagen.

Russland

Mit dem Nachtzug von Europa nach Moskau, und dann mit der Transsibirischen Eisenbahn in sechs Tagen bis zum Japanischen Meer oder mit der Transmongolischen Eisenbahn bis nach China: Russland ist das Land der Zugreiseträume.

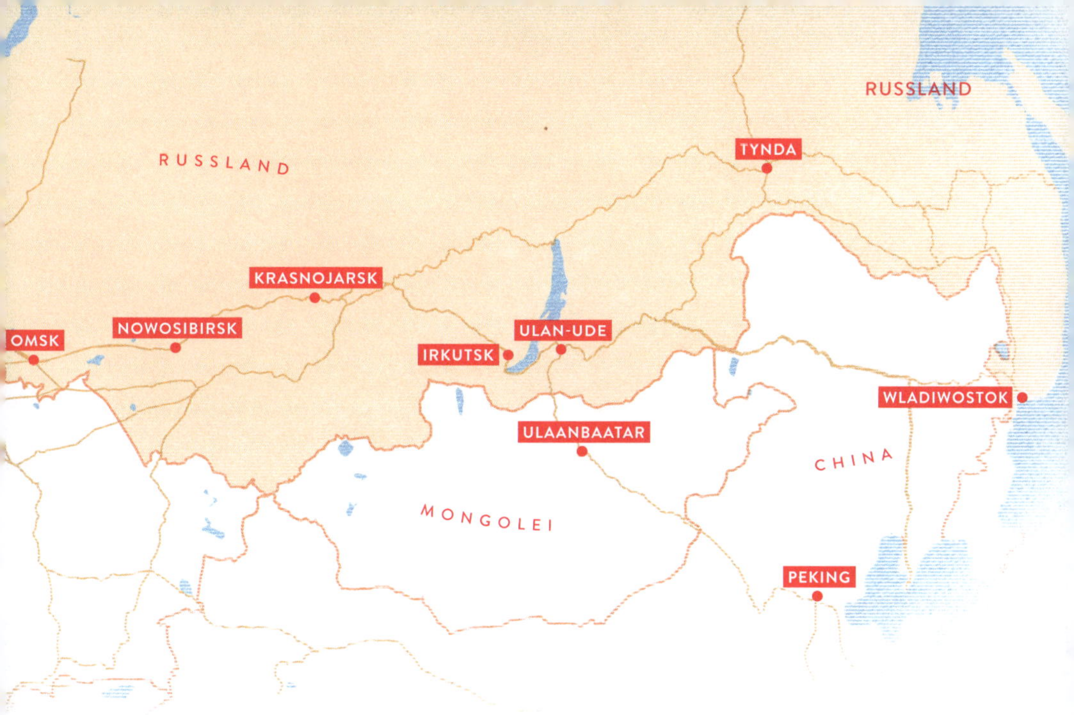

LIEBLINGSSTRECKEN

Nizza–Moskau (50 Stunden, ab 300 €)
Erstmals gab es die Verbindung vor über 150 Jahren, danach kam es zu kriegsbedingten Unterbrechungen. Heute verbindet der russische Nachtzug wieder Westeuropa mit Russland. Sonntags fährt er um 9:29 Uhr an der Côte d'Azur ab, passiert Frankreich, Italien, Österreich, Tschechien, Polen sowie Belarus und erreicht zwei Tage später am Dienstagmittag um 11:41 Uhr Moskau.

Moskau–Wladiwostok (Transsibirische Eisenbahn, 166 Stunden, 2-Bett-Abteil/offener Liegewagen ab 150/100 € p. P.)
Jeden zweiten Tag fährt ein Zug in Moskau los, der knapp sieben Tage, 9288 Kilometer und 400 Bahnhöfe später im Osten von Russland ankommt. Man quert Taigawälder und Steppen, fährt vorbei an großen Flüssen und dem Baikalsee. Am besten mehr Zeit lassen, um immer mal wieder auszusteigen und eine Nacht abseits der Gleise zu verbringen. Vor allem Einheimische nutzen diese Strecke, um in abgelegene Städte zu kommen. Von Wladiwostok (Владивостóк) kann man die Fähre nach Japan nehmen.
Eine Alternative zur Transsib ist die nördlicher verlaufende Baikal-Amur-Magistrale (BAM).

Moskau–Peking (Transmongolische Eisenbahn, 150 Stunden, 510 €)
Drei Länder in einer Zugreise: Russland, die Mongolei und China. Von der Transsibirischen Eisenbahnstrecke zweigt die Transmongolische nahe dem Baikalsee in Ulan-Ude gen Süden ab, fährt durch die Gobi-Wüste und bietet einen kurzen Blick auf die chinesische Mauer, bevor man nach sechs Tagen in Peking ankommt. Die Speisewagen wechseln in den jeweiligen Ländern, man isst russisch, mongolisch und chinesisch. Jeden Dienstagabend startet der Zug in Moskau. Alternativ kann man auch die Transmandschurische Eisenbahn nach Peking nehmen, die nicht durch die Mongolei fährt und Samstagabend Moskau verlässt.

STRECKENNETZ

Schon die Erwähnung der Transsibirischen Eisenbahn entfacht bei Reisenden einen Sehnsuchtsblick, doch nur wenige ziehen tatsächlich los. Das Eisenbahnnetz in Russland ist nicht so touristisch wie es klingen mag. Es erfüllt vor allem praktische Zwecke und verbindet den Westen mit abgelegenen sibirischen Städten bis in den Osten des Landes nach Wladiwostok. Bei der Fahrt im gemächlichen Durchschnittstempo von 60 km/h wird man mehr Einheimische treffen als andere Reisende. Die Russen steigen ein und aus und fahren selten die ganze Strecke durch. Im Westen ist das Streckennetz dichter. Von Sankt Petersburg kommt man mit Schnellzügen in 3:30 Stunden nach Moskau und genauso schnell nach Helsinki. In Moskau treffen die Nachtzüge aus Europa ein, die von Paris, Nizza, Berlin, Warschau, Prag und Wien kommen. Die direkten Züge fahren durch Belarus, wo sie im Bahnhof Brest von der europäischen Normalspur auf die russische Breitspur wechseln.

Die russische Oblast Kaliningrad hat ein eigenes kleines Streckennetz – sowohl Rauschen (Swetlogorsk) an der Ostsee als auch Eydtkau (Tschernyschewskoje) an der litauischen Grenze erreicht man in etwa zwei Stunden. Vom Bahnhof Kaliningrad-Passaschirski fahren Schnellzüge nach Moskau und Sankt Petersburg.

Neben den russischen Regelzügen verkehren auch luxuriösere Sonderzüge zwischen Moskau und Peking, Wladiwostok oder Ulaanbaatar (beispielsweise „Zarengold", deutsche Reiseleitung, inklusive Zwischenstopps mit organisierten Ausflügen, lernidee.de/zarengold).

ZÜGE

Die staatliche Eisenbahngesellschaft RŽD (Rossijskije schelesnyje dorogi) betreibt das russische Bahnnetz. Zwischen Moskau und Berlin fahren Talgo-Züge, die das Umspuren schneller machen, da die Radsätze verstellt und nicht getauscht werden. Deutlich schneller als mit den Regionalzügen ist man mit dem Sapsan zwischen Sankt Petersburg, Moskau und Helsinki unterwegs.
Auf der Transsibirischen Strecke wählt man zwischen dem teureren und komfortableren Rossiya oder den einfachen russischen Zügen, in der 1. Klasse (SV) mit 2-Bett-, in der 2. Klasse (kupe) mit 4-Bett-Abteilen und in der 3. Klasse (platskartny) mit Schlafplätzen im 54-Personen-Waggon. Auf der transmongolischen Route fahren chinesische Züge mit 2-Bett- und 4-Bett-Abteilen.
In Kaliningrad ist man mit der JSC Kaliningrad Suburban Passenger Company (JSC KSPC) unterwegs.

PREISE UND FAHRKARTEN

Die Russische Eisenbahn passt ihre Preise ständig an die Nachfrage an, deshalb variieren sie stark. Die schnelle Strecke Sankt Petersburg–Moskau findet man bisweilen für 20 €. Man kann 90 Tage im Voraus buchen und 10 % Rabatt erhalten. Im Schlafwagen sind die oberen Betten meist 5 % günstiger. Kinder unter vier Jahre ohne eigenen Sitzplatz reisen umsonst mit. Das Ticket von Berlin nach Moskau kostet ab 100 €.

Fahrkarten für Reisen innerhalb Russlands gibt es auf der russisch- und englischsprachigen Webseite rzd.ru und für Kaliningrad auf kzd.rzd.ru.

Moskau

ANREISE

Wenn die Verbindung nach den Einschränkungen der Covid-Pandemie wieder aufgenommen wird (aktuelle Infos auf rzd.ru) fährt man Montag- und Samstagabend in **Berlin** los und ist knapp 24 Stunden später in Moskau. Alternativ kann man auch Freitagmorgen um 7:26 Uhr in den Paris-Moskau-Zug (ab 170 €) zusteigen.

Der Moskau-Nizza-Express hält Sonntagabend um 22:50 Uhr in **Innsbruck**, Montagmorgen um 5:45 Uhr in **Wien** und erreicht Moskau Dienstagmittag.

Von **Zürich** nach Berlin (S. 14, Deutschland) oder Innsbruck (S. 19, Österreich), und von dort weiter mit einem der Nachtzüge.

Nach Kaliningrad gelangt man entweder über **Polen** mit Bussen oder von Russland mit den Schnellzügen.

BAHNLEKTÜRE

Der Alkohol und die Wehmut, Mathias Énard
Der Meister und Margarita, Michail Bulgakow

BERLIN
POSEN
DEUTSCHLAND
POLEN
DRESDEN
BRESLAU
HŘENSKO
TETSCHEN-BODENBACH
ADERSBACH
KARLSBAD
HRADEC KRÁLÓVE
LICHKOV
FREIWALDAU
EGER
PRAG
TSCHECHIEN
HANNSDORF
BOHUMÍN
PILSEN
KUTNÁ HORA
OSTRAVA
BRÜNN
REGENSBURG
BUDWEIS
LUNDENBURG
SLOWAKEI
WIEN
BRATISLAVA
ÖSTERREICH
BUDAPEST
UNGARN

Tschechien

Schon die Anreise aus dem Norden bietet Vorgeschmack und Vorfreude auf das, was man in der Tschechischen Republik an Natur und Kulinarik erwarten darf: Der Zug schlängelt sich entlang der Elbe durch das Elbsandsteingebirge, während man im Speisewagen die frisch gekochten Knödel und das Pilsner Urquell genießt.

Von Cindy Ruch und Stephanie Forsch

Fakten

Zu Recht zieht es viele Touristen in die wunderschöne Hauptstadt Prag (Praha) – und so ist es meist etwas voll, egal, ob im Winter auf dem Weihnachtsmarkt, im Sommer in den Biergärten an der Moldau oder jederzeit auf der Karlsbrücke. In Tschechien gibt es auch Ruhe und Natur, und in Städten wie Pilsen und Karlsbad und kleineren Dörfern in Böhmen, Mähren und Schlesien ebenso hübsche Gebäude und Lendenbraten (Svíčková na Smetaně) mit Knödel (Knedlíky). Eingekesselt ist das Land im Uhrzeigersinn vom Riesengebirge und Altvatergebirge, von den Karpaten, vom Böhmerwald und Erzgebirge. Im Sommer kann man in den Bergen wandern, im Winter Ski fahren, und abends gibt's ein Pilsner Urquell, das man in der Landeswährung mit Tschechischen Kronen (CZK) zahlt. Gesprochen wird Tschechisch. Da der Begriff „Tschechei" Verwendung in der NS-Propaganda fand, ist er für die Tschechen negativ besetzt.

LIEBLINGSSTRECKE

Hannsdorf (Hanušovice)–Freiwaldau (Jeseník)
(56 Minuten, ab 2,55 €)
Kurvenreich durch das Altvatergebirge (Hrubý Jeseník), das zweithöchste des Landes, führt der Schlesische Semmering. Der Zug windet sich von Hannsdorf (Hanušovice) hinauf bis zum Ramsauer Sattel (Ramzovské Sedlo) auf 765 Metern über dem Meeresspiegel und wieder hinunter mit Blick auf die schlesischen Täler. Im Winter sind Wintersportler im Zug unterwegs, die problemlos Stauraum für ihre Ausrüstung finden. Im Sommer kann man im Altvatergebirge gut wandern.

STRECKENNETZ

Tschechien hat eines der weltweit dichtesten Schienennetze, und so bietet es sich bestens für Zugreisen innerhalb des Landes an. Möchte man schnell von A nach B kommen, lohnt ein Blick auf die vier Schnellstrecken-Korridore, auf denen Züge mit 160 km/h kreuzförmig durch das Land und darüber hinweg rasen: von Westen (Eger/Cheb) nach Osten (Bohumín), von Norden (Tetschen-Bodenbach/Děčín) nach Süden (Budweis/České Budějovice) und Südosten (Lundenburg/Břeclav) über Prag, sowie über eine Y-förmige Strecke über Ostrava im Osten des Landes. RegioJet und LEO Express bieten Verbindungen von Prag nach Osten in die Slowakei und nach Polen sowie nach Österreich an.

Die Nationalparkbahn U28 verbindet die beiden Nationalparks Sächsische Schweiz (Deutschland) und Böhmische Schweiz (Tschechien) (vvo-online.de/de/tarif-tickets/tarif/Nationalparkbahn.cshtml). Unter dem Titel „Touren entlang der Nationalparkbahn U28" stellt der Tourismusverband Sächsische Schweiz auf der Plattform outdooractive.com über 20 Wanderrouten vor, die an der Bahnstrecke starten oder enden.

ZÜGE

Die staatliche Eisenbahngesellschaft ČD (České dráhy) bedient den Hauptteil des tschechischen Streckennetzes. In ihrer Flotte gibt es die schnellen Fernverkehrszüge SuperCity Pendolino, die mit Klimaanlage ausgestattet sind und in deren Bordrestaurants Schnitzel, Braten und Knödel gekocht werden. Außerdem gibt es IC beziehungsweise EC und den Railjet – letzterer sogar mit Kinderkino, in dem Märchenfilme laufen. Regionalzüge mit tollen Namen wie CityElefant und RegioSpider sind langsamer unterwegs und unterteilen sich in Personenzüge (Os: Osobní vlak), die an allen, und Eilzüge (Sp: Spěšný vlak), die nur an wichtigeren Bahnhöfen halten.

In den Nachtzügen reist man über Ländergrenzen nach Österreich, Polen, Ungarn und in die Schweiz im Schlafwagen (1, 2 oder 3 Betten) mit Waschbecken, Sicherheitsschloss und Frühstück, oder im 4er-/6er-Liegewagenabteil inklusive Bettbezug.
Die staatliche Eisenbahn hat Konkurrenz bekommen und teilt sich die Schienen mit den schnellen gelben RegioJet- und schwarzen LEO Express-Zügen.

Etwas gewöhnungsbedürftig beim Reisen mit dem Zug in Tschechien (insbesondere beim Umsteigen) ist die späte Bekanntgabe der Gleise erst ein paar Minuten vor Abfahrt des Zuges. Daher kommt es in den Bahnhofshallen vor den Anzeigetafeln stets zu einer größeren Menschenansammlung, die sich schlagartig in Bewegung setzt, wenn die bereits hoffnungsvoll erwartete Angabe endlich angezeigt wird.

Verzögerungen von teils bis zu einer Stunde sind insbesondere in den ländlichen Regionen keine Seltenheit. Aber auch bei knapp geplanten Umstiegen heißt es erst einmal Ruhe bewahren. Denn wenn fast jeder Zug Verspätung hat, erreichen am Ende doch alle ihre vorgesehene Bahn.

PREISE UND FAHRKARTEN

Das Bahnfahren innerhalb Tschechiens ist bei früher Buchung günstig. Die ČD bietet verschiedene Aktionstickets wie die Fahrkarte für den Sommer (Jízdenka na léto) an, die im Juli und August für eine bis zwei Wochen für 30/45 € unbegrenztes Zugfahren ermöglicht.
Beim Gruppenticket spart man ab zwei Personen: Die 1. Person zahlt den vollen Preis, die 2. 75 %, die 3. und alle weiteren 60 %. Kinder bis sechs Jahre reisen kostenfrei (bei Anmeldung am Schalter oder beim Schaffner), Kinder von sechs bis 18 Jahren und Senioren ab 65 Jahren für 25 % des Preises.
Mit früh erworbenen SuperSparpreisen (SuperAkční jízdenka) kann man günstige

Tickets ergattern, so kostet eine Drei-Stunden-Fahrt mit ČD von Prag nach Ostrava 6 € statt 16 €, mit LeoExpress 4 € und Regiojet 6 €.

Fahrkarten für die staatliche Eisenbahn auf cd.cz, für RegioJet auf regiojet.de und für LeoExpress auf leoexpress.com. Für Fahrten von Deutschland auf bahn.de.

ANREISE

Nach Prag kommt man von **Hamburg** (6:45 Stunden) über **Berlin** (ca. 4:30 Stunden) und **Dresden** (2:30 Stunden), oder mit der Länderbahn in 5:30 Stunden von **München**. Mit den Sparpreisen der DB kommt man ab 14/19 € von Dresden/Berlin nach Prag, Kinder unter 14 Jahren begleiten kostenfrei.

Von **Wien** in 4 Stunden über Brünn nach Prag.

Von **Zürich** mit dem EuroNight in 13:30 Stunden nach Prag, Ankunft ist morgens um 11 Uhr.

BAHNLEKTÜRE

Winterbergs letzte Reise und **Alois Nebel**, Jaroslav Rudiš
Reise nach Sondervorschrift, Zuglauf überwacht, Bohumil Hrabal

Tschechien-Rundreise

Sandsteinfelsen und Knochenkunst

Von Stephanie Forsch, reiselife.com

„Tschechien. Wieso denn Tschechien?", fragten mich einige Freunde kurz vor der Abreise in dieses zwar so nahe liegende und doch so unbekannte Nachbarland. Und genau das war es, was mich so reizte. Denn wenn wir an Tschechien denken, kommt uns doch meist nur Prag in den Sinn. Aber nach meiner Rückkehr war eines ganz sicher: Die Tschechische Republik verzaubert mit märchenhaften Landschaften und versetzt Fans von Kunst und Kultur in ein entzückendes Staunen.

Aber beginnen wir von vorn. Es ist Frühling. Die ersten warmen Sonnenstrahlen kitzeln meine Nasenspitze durch das Zugfenster hindurch. Noch bin ich in Deutschland. Ich sitze in der S1, die mich von Dresden nach Schöna in die Sächsische Schweiz bringt. Alles, was mich jetzt noch von meinem ersten Stopp Hřensko in Tschechien trennt, ist die Elbe, und eine zweiminütige Fährfahrt an die andere Uferseite. Ein breites Grinsen voller Vorfreude macht sich auf meinem Gesicht breit. Und dann ist alles anders: Links der betörende Geruch von Serviettenknödeln mit Gulasch, rechts eine auf einem alten Holztisch sorgfältig aneinandergereihte Auswahl hübsch verzierter Matrjoschkas. Ich bin da. In Tschechien. Es ist der Start in ein fantastisches Zugreise-Abenteuer!

Auf ihrem Blog Reiselife zeigt dir Zugreisefan Steffi, wie einfach, spannend und bezaubernd schön es ist, Deutschland und den Rest unseres einzigartigen Europas mit dem Zug zu erkunden.

Mit Bus und Bahn geht es weiter nach Prag, in die beeindruckende Adersbach-Weckelsdorfer Felsenstadt und nach Kutná Hora, eine kleine Stadt mit einer ganz besonders gruseligen Sehenswürdigkeit: Die Allerheiligenkirche, die mit den Knochen tausender Menschen dekoriert wurde.

STATIONEN

Der gerade einmal knapp 300 Einwohner zählende Ort **Hřensko** (Herrnskretschen) wird als Tor zur Böhmischen Schweiz bezeichnet und ist Ausgangspunkt für tolle Naturabenteuer. Ein absolutes Muss sind die Ausflüge zum Prebischtor (Europas größte natürliche Sandstein-Felsbrücke) und zur Kamnitzklamm (mit einer spektakulären Kahnfahrt zwischen den hohen Sandsteinwänden). Das Hotel Praha liegt sehr zentral und ist als Ausgangspunkt für die beiden Touren gut geeignet. Das mitten im Ort gelegene Gasthaus zum Krebs bietet typisch tschechische Küche zu günstigen Preisen.

Wer zum ersten mal in **Prag** ist, wird hier vermutlich einige Tage verweilen. Mein Tipp für alle Wiederholungstäter: Ein geführter alternativer Stadtrundgang durch Prags spannende Kunst- und Street-Art-Szene (alternative-prague.com/en). Fußläufig vom Hauptbahnhof entfernt und sehr zentral liegt das Hotel Ankora.

Im Norden an der Grenze zu Polen wartet ein ganz besonderes Naturschauspiel: Die Adersbach-Weckelsdorfer Felsenstadt bei **Adersbach** (Adršpach). Sandsteinfelsen ragen als riesige Skulpturen aus dem Boden!

Für alle Bahnreisenden bietet sich die Übernachtung im gemütlichen Hotel Javor an, welches nur fünf Minuten vom Bahnhof Adršpach und vom Eingang zur Felsenstadt entfernt liegt. Dort lässt es sich abends auch sehr lecker speisen.

Die kleine Stadt **Kutná Hora** (Kuttenberg), deren Altstadt zum UNESCO Weltkulturerbe gehört, überrascht mit einer äußerst schaurigen Sehenswürdigkeit von morbider Schönheit: In der Knochenkirche (Sedlec-Ossarium) wurden Gebeine von über 10.000 Menschen künstlerisch verarbeitet.

Felsenstadt bei Adersbach

Das Hotel MuzeumLega befindet sich ungefähr einen Kilometer vom Bahnhof entfernt und lässt aufgrund der unübersehbaren Liebe zu Lego sicherlich auch jedes Kinderherz höherschlagen. Wer es besonders urig mag, ist im typisch böhmischen Restaurant Dačický sehr gut aufgehoben.

UND WEITER

Besonders sehenswert sind der weltbekannte Kurort Karlsbad, die in der Nähe liegende, fast schon mystisch anmutende Burg Loket und die Hans-Heiling-Felsen. Auch das wunderschöne Krumau an der Moldau und die lebendige Bierstadt Pilsen sind nicht weit.

Tschechien überrascht mit einem dichten Netz an Nationalparks und Naturschutzgebieten. Neben der Böhmischen Schweiz sind die Nationalparks Böhmerwald und Riesengebirge ein Highlight für Wanderfans. Das Landschaftsschutzgebiet Mährischer Karst ist eine außergewöhnliche Mittelgebirgslandschaft mit über 1000 Höhlen. Die bekanntesten von ihnen, die Punkva-Höhlen (Punkevní jeskyně), können unterirdisch mit einem Boot erkundet werden.

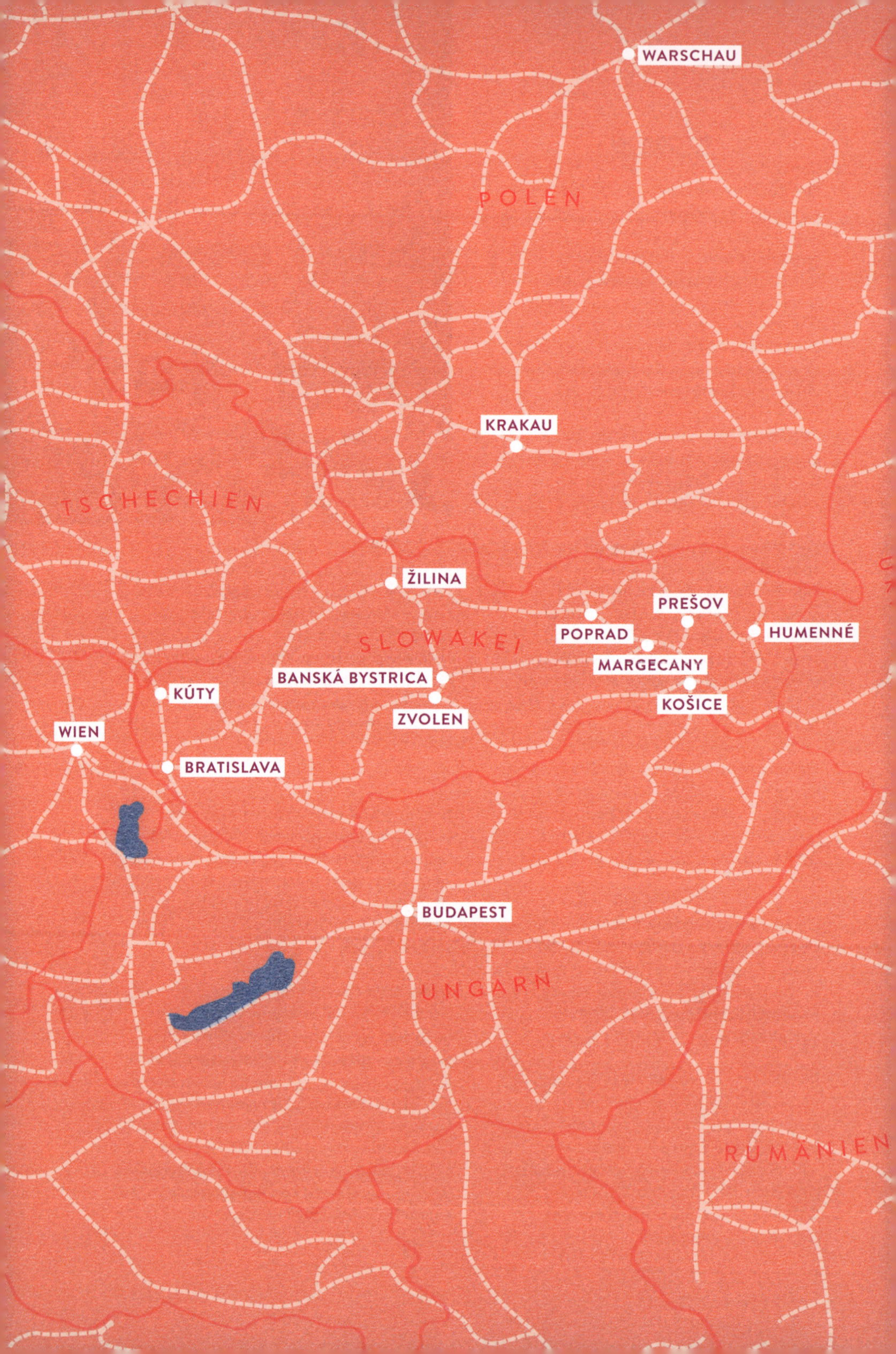
WARSCHAU
POLEN
KRAKAU
TSCHECHIEN
ŽILINA
PREŠOV
POPRAD
HUMENNÉ
SLOWAKEI
MARGECANY
BANSKÁ BYSTRICA
KÚTY
KOŠICE
ZVOLEN
WIEN
BRATISLAVA
BUDAPEST
UNGARN
RUMÄNIEN

Slowakei

Ein Land, das nicht jeder auf dem Radar hat. Dabei punktet es mit imposanten Gebirgszügen, dichten Wäldern, mittelalterlichen Burgen und Städten und einem überaus freundlichen Zugsystem.

Fakten

Die Slowakei ist ein kleines Land, nur etwa 430 Kilometer breit und 200 Kilometer lang. Es reckt sich mehr in die Höhe als in die Breite, auf zwei Dritteln befinden sich die Karpaten und neben etlichen Zweitausendern auch die Hohe Tatra mit der 2655 Meter hohen Gerlsdorfer Spitze. In der Mitte liegt das Slowakische Mittelgebirge. Gen Süden, wo sich die Slowakei einen Teil der Donau mit Ungarn teilt, wird das Land flacher. Es gibt neun Nationalparks, in manchen Gegenden schleichen sogar Wölfe, Luchse und Bären durch die Wälder. Trotz seiner beeindruckenden Natur zieht es immer noch wenige Touristen in die Slowakei. Die Chancen stehen also gut, dass man im Speisewagen oder im Bahnhofsrestaurant das Nationalgericht Bryndzové Halušky (Brimsennocken sind eine Art Gnocchi mit Schafskäse und Speck) neben Einheimischen isst und sich dabei an der slowakischen Sprache versucht, die der tschechischen ähnelt.
Man zahlt mit Euro.

LIEBLINGSSTRECKEN

Žilina–Margecany (ab 2:45 Stunden, ab 10 €)
Diese klassische slowakische Zugstrecke südlich der Westkarpaten lässt sich in einem Stück durchfahren, doch Wandermöglichkeiten könnten zu Zwischenstopps verleiten. Vor allem, wenn man bei Poprad die Gipfel der hohen Tatra in der Ferne sieht, kann man nicht widerstehen. Am besten den nächsten Zug von Poprad nach Tatranská Lomnica, Stary Smokovec oder Štrbské Pleso nehmen und loslaufen.

Margecany–Banská Bystrica (3:30 Stunden, ab 8 €)
Es gibt noch mehr als die Hohe Tatra, nämlich das Slowakische Paradies, das ebenfalls zum Wandern einlädt. Auf der Bahnstrecke windet sich der Zug durch das Slowakische Erzgebirge auf knapp 1000 Meter Höhe in Vernár und fährt am Stausee Palcmanská Maša vorbei. Einen Halt kann man in Dobšinská ľadová einlegen, um die nicht mehr ganz geheime, aber dennoch beeindruckende Dobšiná-Eishöhle zu besichtigen.

STRECKENNETZ

Die slowakische Hauptstadt Bratislava liegt im Südwesten des Landes, nur eine Stunde von Wien entfernt. Hier kommen die meisten internationalen Züge aus dem Westen an, und von hier lässt sich das Land gen Osten auf einem breit aufgefächerten Streckennetz erkunden, oftmals begleitet von Gebirgsausblicken. Weiterer Hauptknotenpunkt ist die zweitgrößte Stadt Košice in der Ostslowakei. Von dort kann man weiter in die Ukraine durch die Karpaten fahren. Nachtzüge trudeln von Prag, Wien, Berlin, Warschau, Budapest und Kiew in der Slowakei ein. Auch innerhalb des Landes verkehren sie, beispielsweise von Bratislava ins Gebirge nach Žilina oder in die Ostslowakei nach Humenné und Košice.

ZÜGE

Das staatliche Eisenbahnunternehmen ZSSK (Železničná spoločnosť Slovensko) fährt je nach Gegend auf Normalspur, russischer Breitspur oder Schmalspur. Am zügigsten kommt man mit dem österreichisch-tschechischen Railjet Xpress, dem tschechischen SuperCity und LEO Express, dem EC, EuroNight und Expres voran. In den Schlafwagen der Nachtzüge gibt es Kaffee und ein kleines Frühstück am Morgen. Für längere Strecken durch das Land bietet sich der Rýchlik (R) an, der zwar länger als die internationalen Züge braucht, aber in mehreren Städten hält. Der günstigste Zug Osobný (Os) hält an allen Bahnhöfen. Beim Buchen auf das Gabel- und Messer-Symbol achten, denn auf manchen Langstrecken fährt ein Speisewagen mit, in dem die slowenische Variante des Wiener Schnitzels mit Kartoffelteig und Käse oder Pirohy noch frisch gekocht werden.

PREISE UND FAHRKARTEN

Das Beste zuerst: Schüler, Studenten und Rentner aus der EU sowie Personen unter 15 und über 62 Jahren unabhängig ihres Wohnsitzes dürfen in allen Zügen außer dem IC kostenlos mitfahren, wenn Platz ist. Vor der Fahrt muss man sich an einem der ZSSK-Ticketschalter registrieren. Sonst werden die Preise anhand der zurückgelegten Kilometer errechnet: Die ersten fünf Kilometer in der 2. Klasse für 50 Cent, danach vier bis fünf Cent pro Kilometer. Eine 50-Kilometer-Fahrt kostet also 2,75 €. Tickets bis zu 50 Kilometer können am Ticketautomaten gekauft werden. Es gibt auch Regionalpässe wie den Hohe-Tatra-Pass mit dem man für 4 € bis 16 € und einer Gültigkeitsdauer von 1 bis 30 Tage durch das Gebirge fährt.
Im Schlafwagen zwischen Tschechien und der Slowakei kommt auf den Ticketpreis noch die Reservierungsgebühr für ein Einzelbettabteil/2-Bettabteil/3-Bettabteil pro Person ab 44/20/14 € dazu, im 6er-/4er-Liegewagen ab 6/9 €. Einzelbettabteil mit Toilette und Dusche gibt's ab 66 €. Ein eigenes Bettabteil auf den Nachtstrecken innerhalb des Landes mit dem Slovak Expres gibt es ab 39 €, unabhängig von der Streckenlänge. Eine Fahrt von Wien/Bratislava nach Košice kostet mindestens 29/18 €.

Fahrkarten gibt es auf der englischsprachigen Seite von zssk.sk.

ANREISE

Von **Hamburg** (ab 11 Stunden, 50 €) über **Berlin** (ab 8:30 Stunden, 39 €) oder ab **München** (ab 6 Stunden, 33 €) mit Umstieg in Wien nach Bratislava. Der Berlin-Budapest-Nachtzug hält kurz vor 6 Uhr auch in Bratislava (11:15 Stunden).

In nur einer Stunde ist man von **Wien** in Bratislava.

Mit dem Railjet Xpress von **Zürich** über Wien nach Bratislava in neun Stunden.

BAHNLEKTÜRE

Das letzte rote Jahr, Susanne Gregor

Bratislava

Košice–Lwiw

Europa geht hier noch weiter

Von Tom Streit, schienenstrang.com

Die Schienenstöße werden merklich lauter und die Landschaft draußen ist immer dünner besiedelt. Die etwas vernachlässigte, aber zweigleisige Strecke verläuft entlang der ungarischen Grenze bis nach Čierna nad Tisou, einem kleinen Dorf mit großer Geschichte, denn 1968 wurde hier das Schicksal der Reformbewegung „Prager Frühling" besiegelt. Zugleich befinden wir uns nun fast im östlichsten Winkel der Slowakei, der sich wie das Ende der Welt anfühlt. Aber es kommt doch noch etwas: Zwischen hohen Zäunen mit Stacheldraht und vielen unheimlich wirkenden Scannern, Sensoren und Kameras befindet sich mitten auf einem Acker ein Container der slowakischen Grenzpolizei. Nach kurzer Inspektion unserer Pässe und unseres „Brotbüchse" genannten Triebwagens verlassen wir die Europäische Union, nicht aber Europa. Der nächste Abschnitt unserer Reise ist alles andere als gewöhnlich, denn eigentlich müssen bei allen Zugreisen in die ehemalige Sowjetunion an den Grenzen die Wagen angehoben und aufwändig umgespurt, also mit einem Breitspur-Drehgestell versehen werden. Hier im südwestlichsten Zipfel der Ukraine aber liegt historisch bedingt neben dem Breitspur- einige Kilometer weit auch ein europäisches Normalspurgleis und so können wir noch 50 Kilometer in unserer Brotbüchse weiterrumpeln – und zwar bis Mukatschewe, wo mit der normalen Spur dann endgültig Schluss ist und der Zug gewechselt werden muss.

Tom fährt schon seit seiner Kindheit mit der Bahn, arbeitete später als Lokführer und Zugbegleiter. Heute ist er Tourguide und möchte möglichst viele Menschen für Eisenbahnreisen begeistern.

Schon beim Einsteigen in den ukrainischen Schlafwagen, den wir diesmal aber nur am Tag nutzen werden, fällt kundigen Enthusiasten das kleine Hersteller-Schildchen an der Trittstufe auf: „Halle-Ammendorf, 1988". Eine kleine

Zeitreise in die DDR in vertäfelten Schlafwagen – aus einem Land, das es seit dreißig Jahren nicht mehr gibt. Hier in der Ukraine aber leisten die Wagen unermüdlich Tag und Nacht ihren Einsatz und werden fachkundig instand gehalten. Ein Wagenmeister mit riesigem Hammer prüft an bestimmten Bahnhöfen die Achslager. Auch innen werden sie liebevoll gepflegt, etwa wenn die Schlafwagenschaffnerin den langen Teppich im Gang von Zeit zu Zeit wieder zurechtzuppelt.

Drinnen im gemütlichen Abteil gibt es Tee oder Kaffee aus den typischen, in verzierten Metallhalterungen eingefassten Gläsern. Draußen kommen die Bergketten der Karpaten immer näher und die Eisenbahn kämpft sich, teilweise mit einer zweiten Lokomotive verstärkt, weiter nach oben. Vor besonders langen Brücken und Tunneln stehen einzelne Soldaten mit Gewehr in kleinen eckigen Häuschen und bewachen stumm und ohne Regung die vorbeifahrenden Züge, mitten im Niemandsland der Gebirgskette. Am Scheitelpunkt der Strecke durchfahren wir den 1765 Meter langen Beskyd-Tunnel, der 2018 neu gebaut wurde. Ab hier verläuft die Fahrt wieder kurvenreich zurück ins Tal. Viele Mitreisende stehen im Gang, das Wagen-Radio dudelt, die meisten Abteiltüren sind geöffnet. Draußen ziehen kleine Dörfer aus Holzhäusern vorbei, zahlreiche, prächtig verzierte goldene Kirchendächer sind zu sehen. Am Abend erreichen wir Lwiw (Lemberg). An vielen Häusern weht die blaue Flagge mit den gelbe Sternen und drückt die Sehnsucht der Menschen nach europäischer Teilhabe aus.

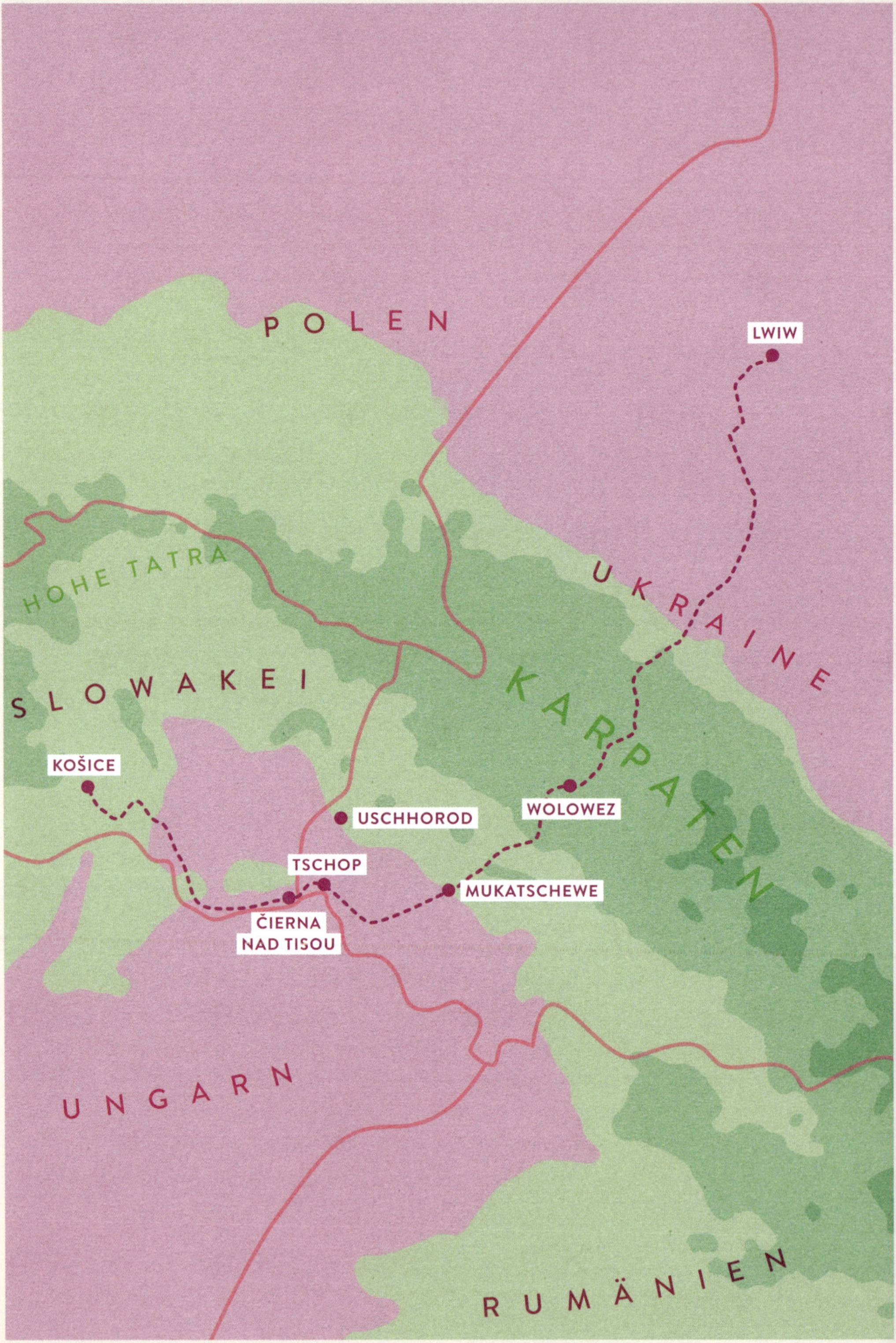
POLEN
LWIW
UKRAINE
HOHE TATRA
SLOWAKEI
KARPATEN
KOŠICE
USCHHOROD
WOLOWEZ
TSCHOP
MUKATSCHEWE
ČIERNA
NAD TISOU
UNGARN
RUMÄNIEN

STRECKENINFOS

Košice erreicht man in Direktverbindungen von Prag oder Bratislava aus (am schönsten im Nachtzug), tagsüber auch aus Wien. Die Speisewagen der slowakischen Schnellzüge zählen zu den besten Zugrestaurants Europas und verwöhnen den hungrigen Gast mit vor Ort geklopften und frisch panierten Schnitzeln. Für Fahrgäste, die auf schnellstem Wege in die ukrainische Hauptstadt reisen wollen, bietet sich der direkte Schlafwagen Košice–Kiew an.

Jeden Morgen kurz nach dem Frühstück – und mittags noch einmal – setzt sich im modernen Hauptbahnhof der ostslowakischen Stadt **Košice** ein kleiner, rot-weißer Triebwagen für eine ganz besondere Fahrt in Bewegung: Das liebevoll „Brotbüchse" genannte Fahrzeug rattert mit beachtlicher Geschwindigkeit und ganz ohne Zwischenhalte der nahegelegenen und oft doch so fern wirkenden Ukraine entgegen. Für die vierstündige Fahrt in der „Brotbüchse" sollte man sich mit ausreichend Wasser und Essen eindecken, es gibt keine Klimaanlage. Das Ticket für 7,50 € für die Fahrt bis nach Mukatschewe löst man vor Ort am Schalter. Von Mukatschewe nach Lwiw kann man über booking.uz.gov.ua/en (10-15 €) buchen.

STATIONEN

Nur fünf Kilometer trennen die Grenzbahnhöfe der Slowakei und der Ukraine, aber der Zug benötigt für die Strecke inklusive der Kontrollen eine Stunde – zudem muss auch die Zeit umgestellt werden. Dann erreicht man das ukrainische Städtchen **Tschop**. Wer hier aussteigt, kann das überdimensionierte Empfangsgebäude und den danebenliegenden, fast baugleichen Regionalbahnhof bestaunen und der Putzkraft zusehen, wie sie immer aufs Neue den Boden der großen sozialistischen Wartehalle wischt. Unweit des Bahnhofs gibt es eine ausgezeichnete und bei Eisenbahnfreunden inzwischen legendäre Pizzeria.

Das sehenswerte **Uschhorod** ist die Hauptstadt der Region Transkarpatien und von Tschop aus mit Regional- und Fernzügen gut zu erreichen.

Wer im Zug sitzen bleibt, tuckert nach der Einreisekontrolle weiter ins Landesinnere bis nach Mukatschewe. Kurz vor dem Bahnhof enden schließlich die 1435 Millimeter auseinanderliegenden Schienenstränge und man muss die restlichen Meter zu Fuß spazieren, um in einen der ukrainischen Schnellzüge umzusteigen.

In **Mukatschewe** besteht die Möglichkeit, in zwei Supermärkten einzukaufen. Außerdem finden sich einige gute Hotels und Restaurants. Wunderschön ist die vom Zug aus sichtbare Burg, circa eine Stunde Fußweg vom Zentrum. In den ukrainischen Schnellzügen können Getränke und Knabbereien erworben werden. Nur in seltenen Fällen führen die Züge einen Speisewagen.

In **Wolowez** befinden sich Ski- und Sessellifte. Im Sommer laden die Karpaten zum Wandern ein. Die touristische Erschließung steht meist noch am Anfang.

Wer mehr Zeit mitbringt und die Region noch langsamer entdecken möchte, dem sei eine Fahrt im Regionalzug empfohlen. Die „Elektritschka" genannten Triebzüge sind sehr alt, oft viel zu voll und bieten meist nur Holzbänke. Sie halten an jeder Station und man benötigt allein für die knapp 300 Kilometer lange Strecke von Tschop nach Lwiw fast einen ganzen Tag. Es muss mindestens einmal umgestiegen werden, der Fahrpreis ist noch einmal deutlich günstiger als im Schnellzug. Fahrplan Regionalverkehr: railway.lviv.ua/schedule/suburban

ESTLAND
RUSSLAND
MOSKAU
LETTLAND
LITAUEN
MINSK
BELARUS
WARSCHAU
KOWEL
POLEN
LUZK
KIEW
CHARKIW
UKRAINE
LWIW
LUHANSK
SLOWAKEI
KOŠICE
TSCHOP
DONEZK
UNGARN
MOLDAWIEN
MARIUPOL
CHIŞINĂU
ODESSA
RUMÄNIEN
BUKAREST
BULGARIEN

Ukraine

Die ukrainischen Züge fühlen sich an wie Schiffe auf Gleisen: Sie sind so riesig, dass es sich bequem zwischen den Großstädten reisen und schlafen lässt. Ein Schluck Wodka oder zwei lassen sich oft nicht vermeiden.

Fakten

Die Ukraine grenzt an sieben Länder und an das Schwarze Meer mit einer knapp 3000 Kilometer langen Küste. Die Hauptstadt Kiew (Київ) liegt am Fluss Dnepr. Im Westen befinden sich die Karpaten, sonst ist das Land recht flach. Viele Einheimische sprechen Ukrainisch und Russisch, doch nur ersteres ist als Amtssprache anerkannt. Gezahlt wird in Ukrainischer Hrywnja (UAH), auch Griwna genannt, die Münzen heißen Kopeken (Kopijok).

LIEBLINGSSTRECKEN

Kiew–Lwiw (8 Stunden, ab 15 €)
Vom imposanten Hauptstadt-Bahnhof erreicht man Lwiw (Львів, Lemberg) nahe der polnischen Grenze am besten mit dem Nachtzug. Lwiw wird gern mit Prag und Krakau verglichen – nur günstiger, schöner, unentdeckter. Die Altstadt diente aufgrund ihrer vielfältigen Bauwerke früher als Location für sowjetische Filme, die in Italien spielen sollten. Heute gehört sie zum UNESCO-Weltkulturerbe.

Kiew–Odessa (7,5 Stunden, ab 14 €)
Mit dem Nachtzug fährt man von Kiew ans Schwarze Meer ins legendäre Odessa (Одеса), das auch in den Erzählungen von Alexander Puschkin und Isaak Babel zu finden ist. Wer nach der Besichtigung der Potemkinschen Treppe, dem Bahnhof und des Strandes weiterreisen möchte, nimmt die Fähre (ukrferry.com) in 23 Stunden über das Schwarze Meer nach Istanbul.

STRECKENNETZ

Mit dem Zug kommt man in alle großen Städte. Aufgrund der Ausdehnung des Landes reist man am komfortabelsten in Nachtzügen. Es gibt Tag- und Nachtverbindungen von Kiew in alle Himmelsrichtungen, beispielsweise nach Lwiw, Tschop, Odessa und Charkiw. Aufgrund der politischen Lage gibt es kaum

Lwiw

noch Verbindungen auf die Krim. Man kommt aber von Kiew täglich mit einem ukrainischen Nachtzug nach Moskau. Weitere internationale Direktverbindungen führen nach Minsk, Chişinău, Bukarest, Budapest, Bratislava, Wien und auch von Lwiw nach Warschau, Breslau und Przemysl, geplant sind weitere nach Vilnius und Riga.

ZÜGE

Die ukrainischen Züge sind nicht die schnellsten. Seit der Fußball-EM fahren zwar moderne Schnellzüge zwischen Kiew und Lwiw sowie Charkiw und Odessa, doch ihre Höchstgeschwindigkeit beträgt 160 km/h, schneller erlauben es die alten Schienen und Brücken nicht.

Am zügigsten fährt man mit EC und Inter City+, im IC gibt es auch eine noch günstigere 3. Klasse. Regionalzüge sind mit PE (1., 2. und 3. Klasse) und РП (2. und 3. Klasse) gekennzeichnet.
Vor allem die Nachtzüge sind praktische Verkehrsmittel zwischen Städten und ein Erlebnis wert, wenn man in die riesigen sowjetischen Züge einsteigt und Schlafsäcke und einfache Lunchpakete bekommt. Der schnellste ist der Euro Night, der mindestens 90 km/h fährt, gefolgt vom Night Express, Nacht Schnellzug (НШ) und dem maximal 50 km/h fahrenden Nacht-Personenzug (НП). Es gibt Schlafwagen (2-Bett-Abteil: Spalny wagon, 4-Bett-Abteil: Kupeiny), Liegewagen (Platskartny) und Sitzwagen.

Bahnhof in Odessa

PREISE UND FAHRKARTEN

Für die knapp 500 Kilometer und 5 Stunden lange Strecke zwischen Kiew und Lwiw zahlt man tagsüber im IC+ zwischen 8 und 11 €, nachts etwa 40/16 € im Spalny wagon/Kupeiny. Kinder unter sechs Jahren reisen kostenlos, wenn sie keinen Sitzplatz benötigen. Von Wien kommt man ab 80 € nach Kiew.

Fahrkarten gibt's auf booking.uz.gov.ua auf Englisch und Ukrainisch oder am Schalter.

ANREISE

Mit Umstieg in **Breslau** oder **Warschau** in den täglich fahrenden Lwów Express (ab 29 €) (S. 52, Polen) kommt man nach Lwiw.

Der Nachtzug der Ukrainischen Bahn verkehrt täglich in 23:40 Stunden von **Wien** über Budapest und Lwiw nach Kiew. Es gibt 1- bis 3-Bett-Abteile und einen Speisewagen zwischen Wien und Zahony.

BAHNLEKTÜRE

Geschichten aus Odessa, Isaak Babel
Puschkins Erben, Svetlana Lavochkina

Fakten

Moldawien (offiziell Republik Moldau oder Republik Moldova) liegt eingebettet zwischen Rumänien und der Ukraine und besteht als eigenständiger Staat seit dem Ende der Sowjetunion. 150 Kilometer breit und 350 Kilometer lang ist die kleine Republik, die Weinbau in großem Maßstab betreibt. Die Amtssprache ist Rumänisch, jedoch hat sie ihren eigenen, moldauischen Akzent. Russisch ist immer noch weit verbreitet. Die Währung ist moldauischer Leu (MDL).

Moldawien

Moldawien fühlt sich oft noch nach Ostblock an, vor allem wenn man entspannt in alten sowjetischen Zügen durch Birkenwälder tuckert.

LIEBLINGSSTRECKE

Ungheni–Tiraspol (6:30 Stunden, ab 8 €) Einmal quer durch Moldawien führt die Hauptstrecke vom rumänischen Iaşi ins ukraninische Rosdilna. Dabei kommt man durch die Hauptstadt Chişinău und quert den Fluss Dnister, auf dessen östlicher Seite sich Transnistrien befindet – ein faktisch unabhängiger, aber nicht anerkannter Staat mit der Hauptstadt Tiraspol. Es gibt für Ausländer immer wieder Einreisebeschränkungen – unbedingt vorher informieren.

STRECKENNETZ

Das Zugnetz ist recht mager, und doch führen die wenigen Strecken quer durch das Land und über Ländergrenzen hinweg. Von der Hauptstadt Chişinău fahren täglich Züge nach Ocniţa im Norden, Bender (Tighina) in Transnistrien und Ungheni an der rumänischen Grenze. Nachtzüge verbinden Chişinău mit Bukarest und über die Ukraine mit Moskau, am Wochenende geht es tagsüber von Iaşi über Chişinău nach Odessa.

Markante Architektur in Chişinău

ZÜGE

Wer gern oldschool reist und das Abteil mit Einheimischen und eventuell auch mal mit einem Huhn teilt, wird sich in den langsamen alten Zügen aus Sowjetzeiten wohl fühlen. In den Waggons sind Holzböden, die Fenster lassen sich öffnen. Calea Ferată din Moldova ist die moldauische Eisenbahngesellschaft, deren Dieseltriebfahrzeuge auf Breitspur durch das Land fahren. Es gibt die günstigen Regionalzüge, die überall anhalten, und die teureren Schnellzüge, die mittlerweile mit Klimaanlage und Internet ausgestattet wurden und auf der Chişinău–Odessa-Strecke unterwegs sind.

PREISE UND FAHRKARTEN

Die Fahrten in Regionalzügen können 5 € für 3 Stunden kosten, im Schnellzug fast das Zehnfache.
Fahrkarten gibt es direkt am Schalter oder auf der moldauisch- und russischsprachigen Webseite railway.md.

ANREISE

Mit zwei Nachtzügen kommt man in die Republik: Erst von **Wien** nach **Bukarest** (S. 120, Rumänien) und mit einem weiteren nach Chişinău.

München
Zürich
Wien
SLOWENIEN
Ljubljana
Zagreb
KROATIEN
BOSNIEN
UND
Sarajevo

In den Südosten

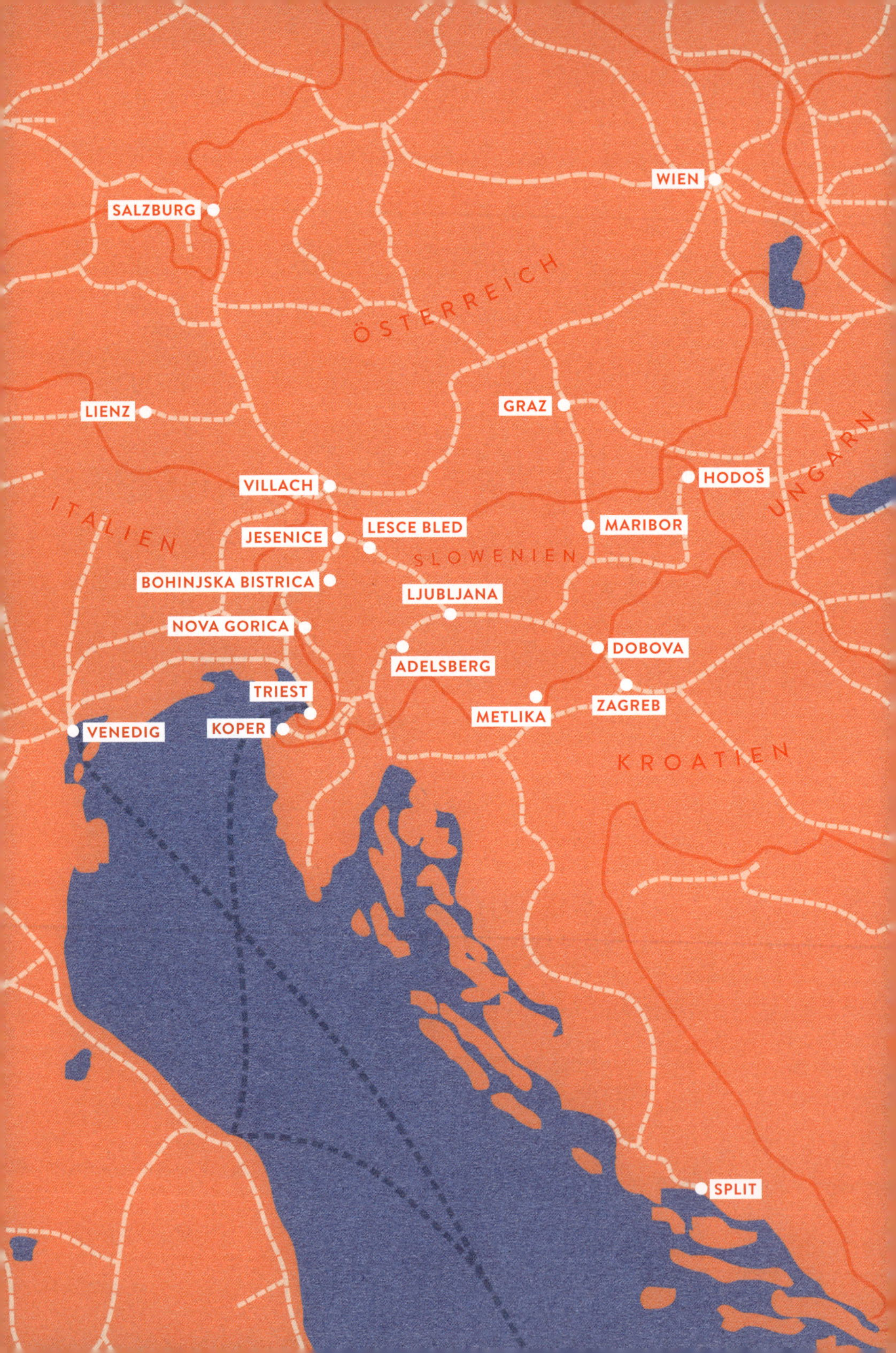
WIEN
SALZBURG
ÖSTERREICH
LIENZ
GRAZ
UNGARN
HODOŠ
VILLACH
ITALIEN
JESENICE
LESCE BLED
MARIBOR
SLOWENIEN
BOHINJSKA BISTRICA
LJUBLJANA
NOVA GORICA
DOBOVA
ADELSBERG
TRIEST
ZAGREB
KOPER
METLIKA
VENEDIG
KROATIEN
SPLIT

Slowenien

Slowenien ist klein. So klein, dass man locker drei Wünsche unter einen Hut kriegt: Gebirgswanderung, Strandurlaub und Stadtbummel.

Fakten

Auf der Landesflagge sieht man den höchsten Gipfel des Landes, den 2864 Meter hohen Triglav in den Julischen Alpen, die an Österreich grenzen. Slowenien versammelt auf einer Fläche von nur 20.273 km² erstaunlich viele Landschaftsformen, vom Hoch- und Mittelgebirge im Norden bis zum Flachland im Osten und der 46 Kilometer langen Küste im Süden, die zwischen Italien und Kroatien liegt. Durch die Hauptstadt Ljubljana und das Land schlängeln sich viele Flüsse, der schönste und wildeste ist die Soča. Slowenisch ist die Amtssprache, Euro die Währung.

LIEBLINGSSTRECKE

Jesenice–Nova Gorica (2 Stunden, 7 €)
Über die Julischen Alpen schlängelt sich die Wocheinerbahn, kommt am Bleder See vorbei und fährt über die Salcanobrücke, unter der die türkisblaue Soča fließt. Wer wandern möchte, kann in Bohinjska Bistrica aussteigen. Von Jesenice gibt es Anbindungen nach Villach, und von Nova Goricas italienischem Schwesterbahnhof Gorizia Centrale fahren weitere Züge nach Triest und Venedig.

STRECKENNETZ

Von Ljubljana kommt man in viele Ecken des Landes mit dem Zug: Zum Wandern in die Julischen Alpen nach Jesenice oder ins Slava-Tal nach Trbovlje, zum Baden an die Küste nach Koper mit Zwischenstopp bei den Höhlen von Adelsberg (Postojna) und zur Weinverkostung nach Maribor. Zum Stadtbummel bleibt man einfach in der Hauptstadt. Die Züge aus Österreich halten auch am schönen Bleder See und fahren weiter entlang des Save-Flusses bis nach Zagreb in Kroatien.

Blick auf die Napoleonbrücke, die über die enge Schlucht der Soča bei Kobarid führt.

ZÜGE

Die Schnellzüge IC und ICS verkehren zügig zwischen Ljubljana, Maribor und Koper, mit Essensmöglichkeiten, Strom und 1. Klasse an Bord. Die Regionalzüge RG und LV sind mit 60 bis 90 km/h unterwegs, halten an allen Bahnhöfen und benötigen keine Reservierung.

PREISE UND FAHRKARTEN

Innerhalb des Landes gibt es 30 % Rabatt auf Hin- und Rückfahrten am Wochenende und für unter 26-Jährige.
Von Österreich kommt man ab 9 € (Graz–Maribor), von Deutschland ab 28 € und von Zürich ab 30 € nach Slowenien. Von der slowenischen Hauptstadt fährt man mit dem IC/LV für 11/9 € nach Koper (2 Stunden) oder nach Maribor (2:45 Stunden).

Fahrkarten gibt es auf potniski.sz.si (Englisch und Slowenisch).

ANREISE

Im EuroCity oder EuroNight (mit Schlafwagen nur im Sommer) von **München** nach Ljubljana (6-7 Stunden).

Von **Villach** nach Ljubljana (1:45 Stunden) oder von **Wien** über Graz nach Ljbuljana (6 Stunden) oder nach Maribor (3:45 Stunden).

Der kroatische Nachtzug fährt von **Zürich** auch nach Ljubljana (11:45 Stunden).

Der Ferienort Piran liegt 20 Kilometer westlich von Koper.

Eine Rundreise

Slowenien auf Schienen entdecken

Von Sarah Althaus, rapunzel-will-raus.ch

Wir tuckern gemütlich durch weite Felder und dichte Wälder – die Sicht aus dem Zugfenster ändert sich stetig und beschert uns immer wieder neue Ausblicke. Slowenien ist erstaunlich abwechslungsreich. Insbesondere der Osten des Landes fasziniert mit weiten Ebenen, die ich hier nicht erwartet hätte.

Rund um die Hauptstadt Ljubljana fahren moderne und gut ausgestattete Züge. Sobald es aber ein paar Kilometer auswärts geht, werden die Züge älter und lauter. Mit Kindern unterwegs haben wir uns zuerst Sorgen gemacht, dass mehrstündige Fahrten mühsam werden könnten – sind wir von zu Hause doch Züge mit Spielwagen gewöhnt. Das finden wir in den slowenischen Zügen nicht, dafür aber viel Platz und tolerante Reisende. So spielen wir einfach am Boden und rennen durch die Gänge. Alle Sorgen umsonst, das Zugfahren in Slowenien ist ganz einfach, außerdem ist die Bahn pünktlich.

Sarah hat Slowenien früher alleine bereist und ist jetzt mit ihrer Familie wiedergekommen.

Mit der Bahn zu fahren gibt uns die Chance, wieder einmal bewusst unterwegs zu sein. Wir erleben Slowenien nicht im Schnelldurchlauf, sondern gemütlich und langsam – so ist auch die Bahn unterwegs. Wir entdecken Städte und Plätze, die wir nur auswählen, weil da der Zug hinfährt. Abseits von großen Sehenswürdigkeiten und bekannten Ortschaften verlangsamen wir uns, nehmen uns Zeit, genießen. Wir passen uns der Geschwindigkeit der Züge an und erleben wieder einmal eine Reise so, wie wir sie eigentlich mögen: Beschaulich. Durch das Zugfenster. Nachdenkend. Gemütlich.

STATIONEN

Klein, aber oho – so kann man **Ljubljana** in Kurzform beschreiben. Die Hauptstadt mit dem schönen Namen ist ein Paradies für alle Genussmenschen. Egal ob Essen, Trinken oder Kultur, hier lassen sich die Tage problemlos durchbringen. Ein Spaziergang entlang der Ljubljanica gehört ebenso dazu wie ein Abstecher zum Schloss mit Sicht über die Stadt.

Ljubljana

Ljubljana hat eine lebendige Hostelszene. Originell und mitten in der Fußgängerzone ist das Hostel Tresor, das in einer alten Bank untergekommen ist.

Der Ort **Bohinjska Bistrica** ist Sprungbrett zum Triglav Nationalpark. Von hier lassen sich alle Ecken entdecken, beispielsweise der wunderschöne Bohinji See (Bohinjsko jezero), den man mit dem Stand-Up-Paddle erkunden kann. Außerdem kann man einen Gleitschirmflug vom Berg Vogel machen oder die Schlucht Mostnica erwandern.

Übernachten lässt es sich im Bohinj Eco Hotel. Hier gibt es auch geräumige Familienzimmer und der Eintritt in den Aquapark ist inklusive. Wer es etwas ruhiger mag, ist im Sunrose 7 besser aufgehoben. Das Heritage Boutique Hotel ist ganz auf erwachsene Gäste ausgelegt. Leckeres einheimisches Essen, zum Beispiel den bekannten slowenischen Strudel, gibt es im Gostilnica Štrudl.

Mein Tipp: **Metlika**. Der kleine Ort liegt schon fast in Kroatien, ganz im Südosten Sloweniens. Viel gibt es hier nicht zu sehen, dennoch ist es unglaublich entspannend. Das ist der Glamping-Unterkunft Big Berry zu verdanken.

Ein erster Schritt auf das Big-Berry-Gelände und ich will gar nicht mehr weg. Wer Glamping liebt, dem wird es hier richtig gut gefallen. Nur ein paar wenige umgebaute Schiffscontainer stehen hier – luxuriös, mit Whirlpool und allen Annehmlichkeiten ausgerüstet. Direkt an sie stößt der Grenzfluss zu Kroatien, in dem täglich gebadet werden kann. Egal ob auf der Riesenschaukel, im Kanu oder beim Yoga auf der Dachterrasse – das Big Berry ist ein Ort zum Bleiben.

Fakten

Die Donau fließt längs durch das Land und durch die Hauptstadt Budapest, teilt Ungarn sozusagen in West und Ost. Im Westen sind die Voralpen und der Plattensee, im Osten die weite Graslandschaft der Puszta und der steppebeschützende Hortobágyi-Nationalpark sowie die Gebirge Bükk und Mátra. Rund um das Land reihen sich Österreich, Slowenien, Kroatien, Serbien, Rumänien, die Ukraine und die Slowakei. Man zahlt mit Forint und spricht Ungarisch.

Ungarn

Budapest kann Ziel oder Zwischenhalt sein, egal, ob man mit dem Nachtzug von Westen kommt oder durch die Steppe mit den Bummelzügen von Osten. Nach einer langen Fahrt lädt die Donaustadt zum Entspannen in Thermalbäder oder zu Spaziergang und Picknick am Fluss ein.

LIEBLINGSSTRECKEN

Berlin–Budapest (14 Stunden, ab 30/50/90 € mit Sitzplatz/im 6er-Liegewagen/2-Bett-Abteil)
Der Nachtzug der MÁV fährt täglich von der Spree zur Donau, dabei über Breslau (Polen) und Bratislava (Slowakei). Am Morgen um 8:35 Uhr kommt man im hübschen Budapester Ostbahnhof (Budapest Keleti) an, ein 1884 im Neorenaissancestil gebauter Kopfbahnhof.

Budapest–Debrecen
(ab 2:30 Stunden, ab 6,60 €)
Weite Steppe, genannt Puszta, befindet sich zwischen diesen zwei großen ungarischen Städten. Der Name kommt vom altslawischen Wort „prust“, was „leer“ und „öde“ bedeutet. Erwartet keine abwechslungsreiche, sondern eher eine gleichtönige Landschaft, die bis zum Horizont ausläuft. Sie erstreckt sich von hier mit Gebirgsunterbrechungen bis in die Mongolei. Eine Strecke zum Weiterträumen.

STRECKENNETZ

Von Budapest kommt man über die drei Hauptstadtbahnhöfe in alle Richtungen: Der imposante Bahnhof Keleti bedient die Züge nach Wien, Prag, Berlin, Zürich und in den Norden und Nordosten von Ungarn, der Bahnhof Déli die Balkanländer, die Ukraine, den Balaton und Transdanubien, und der Bahnhof Nyugati hat Verbindungen in die Puszta und zum Donauknie. Mit den weitreichenden Nachtzugverbindungen ist Budapest der Knotenpunkt zwischen West- und Osteuropa.

ZÜGE

Die ungarische MÁV (Staatsbahn Magyar Államvasutak) betreut nicht nur die Inlandszüge, von denen manche aus dem Deutschland der 90er stammen und in denen man das Zugklima über offene oder geschlossene Fenster regelt, sondern auch internationale Strecken mit klimatisierten Nachtzügen. In letzteren hat man die Wahl zwischen Liegewagen (vier oder sechs Liegen), Schlafwagen (3-, 2- oder 1-Bett-Abteile inklusive Waschbecken) oder Sitzplätzen.

PREISE UND FAHRKARTEN

Internationale Fahrten von Budapest nach Wien kosten mindestens 13 €, nach Zürich 39 € und nach München 38 €. Innerhalb des Landes berechnen sich die Preise aus der Strecke. Von Budapest kommt man zum Balaton (2 Stunden) ab 7 €. EU-Bürger über 65 Jahren und Kinder unter sechs Jahren dürfen kostenlos mitfahren.

Fahrkarten gibt es auf der ungarisch-, deutsch- und englischsprachigen Seite mavcsoport.hu.

Thermalbad in Budapest

ANREISE

Von **München** (10 Stunden) und von **Berlin** (14 Stunden) fahren EuroNight-Züge der MÁV und von **Hamburg** der EC „Hungaria" (14 Stunden) nach Budapest.

Stündlich von **Wien** nach Budapest (ab 2:45 Stunden).

Von **Zürich** (ca. 11:30 Stunden) mit dem EuroNight-Zug der MÁV nach Budapest oder tagsüber in gut 10:30 Stunden mit dem Railjet Xpress.

BAHNLEKTÜRE

Der Schwimmer, Zsuzsa Bánk

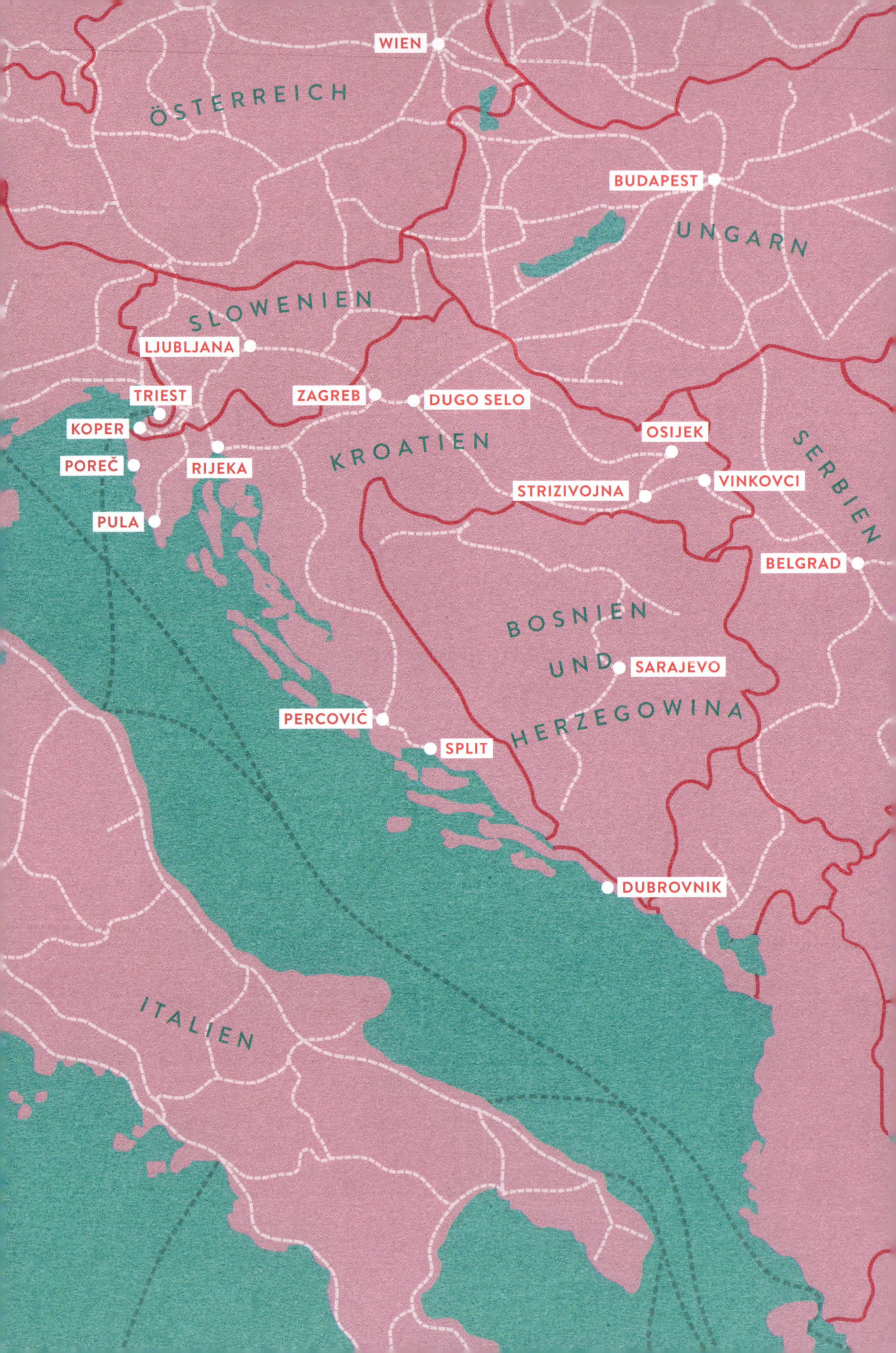
WIEN
ÖSTERREICH
BUDAPEST
UNGARN
SLOWENIEN
LJUBLJANA
TRIEST
ZAGREB
DUGO SELO
KOPER
KROATIEN
OSIJEK
SERBIEN
POREČ
RIJEKA
VINKOVCI
STRIZIVOJNA
PULA
BELGRAD
BOSNIEN
UND
HERZEGOWINA
SARAJEVO
PERCOVIĆ
SPLIT
DUBROVNIK
ITALIEN

Kroatien

Nicht nur Inseln und Strände locken nach Kroatien. Ein Gebirge dient hier als Kulisse für Western-Filme und für eine herrliche Zugstrecke.

Fakten

Kroatien ist ein Sommerurlaubsland mit seinem mediterranen Klima und seinen hunderten von Inseln, die sich an der 1778 Kilometer langen Küstenlänge verteilen. Im Südosten des Landes befinden sich das Dinarische Gebirge und die Plitvicer Seen, auch als Drehort von Winnetous „Silbersee“ bekannt. Um von Dubrovniks schöner Altstadt ins restliche Kroatien zu gelangen, muss man die Grenze von Bosnien und Herzegowina überqueren, das dort einen Meerzugang hat. Die Währung ist Kuna (HRK oder kn), die sich aus 100 Lipa zusammensetzt, und die Amtssprache Kroatisch – in Grenznähe werden auch die Sprachen der Nachbarländer gesprochen.

LIEBLINGSSTRECKE

Zagreb–Split (6 Stunden, ab 13,50 €)
Kroatiens spektakulärste Strecke führt von der Hauptstadt über das Dinarische Gebirge an das Adriatische Meer. Im Sommer ist die Tagesstrecke in klimatisierten ICN-Zügen der DB sehr beliebt, deswegen unbedingt vorab reservieren. Den günstigen Sommerpreis bekommt man am Schalter oder im Zug. Die Nachtzüge sind ältere Zugmodelle, bei denen die frische Bergluft durch offene Fenster reinkommt. Bei der achtstündigen Nachtfahrt sollte man unbedingt mit dem Sonnenaufgang aufwachen, um die Durchquerung des Karstgebirges zu sehen. Von Split kommt man weiter mit Bus oder Katamaran nach Dubrovnik (5 Stunden) oder mit den Fähren zu den dalmatinischen Inseln.

STRECKENNETZ

Von der Hauptstadt Zagreb führen zwei Zuglinien ans Meer: eine gen Westen nach Rijeka, und die Liabahn gen Süden nach Split. Auf zweiterer zweigen Linien nach Šibenik und Zadar ab. Nach Dubrovnik fahren keine Züge, sondern Busse und Katamarane. Auch den Nationalpark Plitvicer Seen erreicht man nur per Bus. Im Norden ist das Streckennetz dichter. Nachtzüge verbinden Kroatien mit Prag, München, Zürich und Budapest. Von Zagreb nach Split gibt es auch eine inländische Schlafwagenverbindung.

ZÜGE

Die schnelleren kroatischen Züge sind ICN, IC und der EC zwischen Kroatien und Österreich. Ansonsten sind langsame Regionalzüge und etwas schnellere Brzi unterwegs, betrieben von der kroatischen Bahngesellschaft HŽPP (Hrvatske željeznice). Meist gibt es Strom an Bord, aber kein Internet.

PREISE UND FAHRKARTEN

Innerhalb des Landes kosten vierstündige Fahrten von Zagreb nach Rijeka oder Vinkovci je etwa 15 €. Von München kommt man ab 30/50 € mit Sitzplatz/im Liegewagen nach Kroatien, von Prag ab 22/30 €.

Fahrkarten gibt es auf Englisch und Kroatisch auf hzpp.hr, am Schalter und im Zug.

ANREISE

Im Sommer von **München** im Nachtzug nach Rijeka (10 Stunden) oder im Nachtzug bzw. EC nach Zagreb (9 Stunden). Von **Berlin** kommt man auch über Prag nach Kroatien, von dort fahren ebenfalls im Sommer donnerstags, freitags und sonntags RegioJets nach Rijeka (15 Stunden).

Zagreb erreicht man ab **Wien** in 6:30 Stunden.

Im Nachtzug von **Zürich** nach Zagreb in 14 Stunden.

BAHNLEKTÜRE

Keiner war dabei, Slavenka Drakulić

Budapest–Rijeka

In die adriatische Sommerfrische

Von Martin Blum, @martin_blum

Der Zug schlängelt sich steil durch den Karst in Richtung Kvarner-Bucht nach Rijeka. Bald gibt die Landschaft den ersten Blick auf das noch weit unten liegende Meer frei. Es riecht nach Urlaub. Der Kurort Opatija, die Inseln Krk und Cres liegen friedlich in der Ferne vor uns.

Es ist ein Sommermorgen Anfang Juli. Die Fahrgäste öffnen nach und nach ihre Abteiltüren und finden sich auf dem Gang des Schlafwagens ein. Sie öffnen die Fenster, um den Tag zu begrüßen. Auf dem Gangboden liegt ein roter Teppich, die Vorhänge bewegen sich im Fahrtwind. Warme Luft dringt herein.

Martin Blum ist begeisterter Rad- und Zugfahrer. Er liebt es, wenn den Reisen noch ein Hauch von Abenteuer innewohnt. Ausgangspunkt für seine Erkundungen ist Wien.

Die Fahrt startete am Abend zuvor am wunderschönen Budapester Ostbahnhof (Keleti). Von hier aus fährt in den Sommermonaten der Nachtzug 1246 „Istria“ täglich ans Meer. An der Strecke liegen der größte Binnensee Mitteleuropas, der Plattensee (Balaton) und die Städte Maribor und Ljubljana. Ein Zugteil mit Schlaf-, Liege- und Sitzwagen steuert Rijeka an. Der andere Zugteil fährt an die istrische Riviera in die slowenische Hafenstadt Koper. Unterwegs wird auch noch der moderne Schlafwagen von München nach Rijeka angehängt.

Am Ende der spektakulären Bergabfahrt quietschen die Bremsen ein letztes Mal und der Zug kommt im Bahnhof von Rijeka zum Stehen. Rechts ragen alte Industrieanlagen auf. Links vor uns wartet der Bahnhof aus der Zeit der Österreichisch-Ungarischen Monarchie und die Europäische Kulturhauptstadt 2020 darauf, erkundet zu werden.

STRECKENINFOS

Die Strecken sind in die Jahre gekommen, werden aber saniert und ausgebaut. Die Fahrten vom Karst ans Meer ins slowenische Koper und kroatische Rijeka und Pula sind landschaftlich besonders reizvoll. Hier zu reisen hat einen Hauch von Abenteuer.

Eisenbahnfreunde werden von den Waggons und Zügen begeistert sein. Fenster lassen sich öffnen, die Betten im Schlafwagen sind komfortabel und holzverkleidet und so manche Diesellok ist richtig laut. Auf der Strecke Ljubljana–Koper werden auch moderne Niederflur-Nahverkehrszüge eingesetzt.

Spartickets von Wien nach Koper, Triest oder Rijeka sind ab 29 € bei der ÖBB erhältlich. Tickets für den beschriebenen Nachtzug waren im Jahr 2019 kostengünstig direkt am Schalter in Ungarn oder online auf der Seite der ungarischen Bahn MAV zu bekommen. Er war dort unter dem Namen SEAYOU beworben.
Im Jahr 2021 führt Regiojet saisonal Nachtzüge von Prag über Bratislava und Budapest nach Rijeka und retour.

STATIONEN

Das kroatische **Istrien** ist geprägt durch eine tolle Kulturlandschaft, schöne Orte und eine abwechlungsreiche Geschichte. Einflüsse Österreich-Ungarns und Italiens sind deutlich spürbar. Die istrische Küche gilt als sehr gut und mit etwas Glück findet man am Waldrand den für die Region typischen wilden Spargel.

Rijeka ist die drittgrößte Stadt Kroatiens, Europäische Kulturhauptstadt 2020 und wirtschaftliches und kulturelles Zentrum der Region. Am lebendigen Markt gibt es ein reichhaltiges Angebot an Fischen und Spezialitäten. Zahlreiche kroatische Inseln kann man von hier aus mit dem Schiff erreichen.

Pula, die „Hauptstadt“ Istriens, liegt nahe der Südspitze der Halbinsel. Eindrucksvoll ist das römische Amphitheater, eines der größten, das gebaut wurde. Zu Fuß lässt sich die Altstadt bestens erkunden. Zwischendrin kann man in einem der Cafés verweilen. Der Bahnhof von Pula liegt direkt am Meer. Die Bahn dorthin führt durch wunderbare Landschaften.

Das slowenische **Koper** hat eine schöne Altstadt und einen der größten Häfen an der oberen Adria. Nachbarorte an der slowenischen Riviera sind Izola, Portoroz und Piran. Auf der autofreien Uferpromenade kann man nach Izola spazieren oder radeln und die Abendsonne genießen.

UND WEITER

Eine Schmalspurbahn verband bis zum Jahr 1935 Triest (Italien) mit der Küstenstadt Poreč (Kroatien). Für die rund 120 Kilometer brauchte sie einen ganzen Tag. Heute ist die alte Bahnstrecke „Parenzana“ ein Radweg. An der Strecke sind noch einige alte Bahnhöfe erhalten, man fährt durch alte Tunnel und über Viadukte. Wunderbar.

Das römische Amphitheater in Pula

BUDAPEST
VILLACH
UNGARN
SLOWENIEN
LJUBLJANA
ZAGREB
KROATIEN
RIJEKA
DOBRLJIN
BIHAĆ
BANJA LUKA
BELGRAD
DOBOJ
BOSNIEN
TUZLA
UND
SARAJEVO
SERBIEN
ŠIBENIK
HERZEGOWINA
PERCOVIĆ
SPLIT
MOSTAR
ČAPLJINA
MONTENEGRO
KOSOVO
DUBROVNIC
PODGORICA
ITALIEN
ALBANIEN

Bosnien und Herzegowina

Schon allein wegen der Strecke zwischen Sarajevo und Mostar sollte man sich in Bosnien und Herzegowina in den Zug setzen. Neben grandioser Gebirgslandschaft findet man Brückenspringer, Moscheen und Kriegserinnerungen.

Fakten

Bosnien und Herzegowina kann wie ein Puzzle erscheinen, das aus mehreren Teilen ein Land formt. Es besteht aus den Entitäten Föderation Bosnien und Herzegowina, der Republika Srpska und dem selbstverwalteten Gebiet Brčko. Die größere Region Bosnien liegt im Norden, die kleinere Region Herzegowina im Süden. Die Einwohner nennt man Bosnier, gesprochen wird Bosnisch, Serbisch und Kroatisch, was sich sehr ähnelt und oft als Serbokroatisch bezeichnet wird.
Das Dinarische Gebirge zieht sich fast über das ganze Land von Südosten bis Nordwesten, und von Kroatien eingerahmt hat Bosnien und Herzegowina sogar eine 20 Kilometer lange Küste an der Adria. Das Land grenzt an Kroatien, Serbien und Montenegro. Die Konvertible Mark ist die offizielle Währung, die in 100 Fening unterteilt ist.

LIEBLINGSSTRECKE

Sarajevo–Mostar (2 Stunden, ab 6 €)
Durch die grünfelsige Landschaft winden sich die Bahngleise am türkis glitzernden Fluß Neretva entlang, durch über hundert Tunnel, mal direkt am Wasser, mal hoch oben an der Schlucht. Die Bahnstrecke verbindet die Hauptstadt des Landes mit Mostar, der Hauptstadt der Region Herzegowina. Über den gewundenen Ivanpass führt die Route in das spektakuläre Tal der Neretva – eine der schönsten Bahnreisen am Balkan. Seit 2016 sind neue Talgo-Züge unterwegs, die die alten Waggons aus Schweden ersetzt haben.

STRECKENNETZ

Das Netz ist ziemlich dünn und wird ständig reduziert oder verbessert. Aktuell sind zwei Strecken in Funktion: Eine von Sarajevo gen Südwesten über Mostar nach Čapljina, und die andere in gleicher Richtung nach Pazarić. Das Bussystem ist populärer.

ZÜGE

Es gibt zwei Bahngesellschaften, da das Land aus zwei Entitäten besteht: die ZFBH (Željeznice Federacije Bosne i Hercegovine) und die ZRS (Željeznice Republike Srpske). Brzi (B) und Nachtzüge sind Talgo-Schnellzüge der ZFBH mit 1. und 2. Klasse, Strom, Klimaanlage, WLAN und Bistro. Man braucht eine Reservierung. Putnički voz (PT) sind Regionalzüge, die nur 2. Klasse anbieten.

PREISE UND FAHRKARTEN

Für 100 Kilometer zahlt man etwa 4 bis 6 €.

Fahrkarten gibt es direkt am Bahnhof, für Züge der ZFBH auch auf zfbh.ba.

ANREISE

Da das Netz nur knapp über die Grenze nach Kroatien reicht, fährt man am besten mit dem Zug nach **Zagreb** oder **Split** (S. 98, Kroatien) und weiter mit dem Bus nach Sarajevo.

BAHNLEKTÜRE

Freelander, Miljenko Jergovic
Die Stille ist ein Geräusch: Eine Fahrt durch Bosnien, Juli Zeh
Unterwegs im Namen des Herrn, Thomas Glavinic

Der Fluß Neretva

Fakten

Belgrad (Београд) wird gern als Tor zur Balkanhalbinsel gesehen. Die Flüsse Save und Donau fließen durch die serbische Hauptstadt. Noch heute sind die Spuren der Jugoslawienkriege in der ehemaligen Hauptstadt sichtbar. Außerhalb der Stadt findet man Flussklippenlandschaften, Berge und Seen in schönen Nationalparks wie Đerdap und Tara sowie in der Ovčar-Schlucht, die man per Bus erreicht. Festivalfreunde tanzen auf dem Exit-Festival in Novi Sad.
Anzeigetafeln und Straßenschilder sind außerhalb großer Städte nur in kyrillischer Schrift geschrieben. Man zahlt in serbischen Dinar RSD, der in 100 Para unterteilt ist. Die Amtssprache ist Serbisch, in Nordserbien zusätzlich Ungarisch, Kroatisch, Russinisch, Slowakisch und Rumänisch, in Südserbien spricht man auch Albanisch.

Serbien

Die jugoslawische Vergangenheit findet man noch überall in Serbien, sei es mittels alter Züge oder zerfallener Gebäude in Belgrad. Außerhalb der Städte warten herrliche Flüsse, Schluchten und Klöster.

STRECKENNETZ

Die Hauptstrecken führen von Belgrad weiter auf die Balkanhalbinsel: In den Süden über Niš und Dimitrowgrad nach Bulgarien, in den Westen über Valjevo nach Montenegro und über Ruma nach Kroatien. Mit Hellas Express kam man bisher am besten (wenn auch in alten, nicht klimatisierten Zügen ohne Speisewagen) im Sommer von Serbien nach Griechenland, doch noch ist unklar, ob es ihn weiterhin geben wird. Momentan wird auch die Schnellstrecke Belgrad-Budapest gebaut, deswegen kommt es gen Norden über Novi Sad zu Unterbrechungen und Ersatzbussen – am besten für beide Verbindungen aktuelle Infos mit ŽS checken. Seit 2018 wird der neue Hauptbahnhof Beograd Centar genutzt.

ZÜGE

Allmählich ersetzt die serbische Eisenbahngesellschaft ŽS (Železnice Srbije) ihre alten, jugoslawischen Züge mit modernen, klimatisierten Modellen wie RA2 und FLIRT3, doch keine Sorge: Es gibt immer noch genug Regionalzüge, die ihren geschichtlichen Charme haben, ein wenig rumpeln und mit offenen Fenstern fahren.

FAHRKARTEN UND PREISE

Innerhalb Serbiens ist Zugfahren günstig, so kostet eine etwa fünfstündige Fahrt von Belgrad nach Niš 7 €, bei Hin- und Rückfahrt gibt's 20 % Rabatt. Mit dem Balkan Flexi Pass kann man an einer bestimmten Anzahl von Reisetagen innerhalb von zwei Monaten durch die Balkanländer inklusive Serbien reisen. Das Ticket ist vor Ort günstiger zu haben als vorab online (ab 91 € für drei Tage in der Nebensaison). Ein Ticket von Belgrad nach Zagreb kostet 19 €.

Tickets erhält man auf der auch englischsprachigen Webseite srbvoz.rs oder am Schalter.

ANREISE

Serbien macht sich rar. Aufgrund der Bauarbeiten zwischen Budapest und Belgrad könnte man im Sommer auf die Verbindungen zwischen **Zagreb** (S. 98, Kroatien) und Belgrad (7 Stunden) ausweichen, doch diese ist nicht immer aktiv – alternativ fährt ein Flixbus.

BAHNLEKTÜRE

Die Tigerfrau, Téa Obreht

Fakten

Montenegros Landschaft erhebt sich in bis zu 2500 Meter Höhe im Nordwesten. Dort befindet sich das südöstliche Dinarische Gebirge mit Schneeresten und kleinen Gletschern. Im Südwesten fällt das Land bis auf Höhe des Meeresspiegels ab. An der etwa 250 Kilometer langen Adriaküste findet man Steilküsten und Buchten, die hübsche Altstadt Kotor und die Bahnstation Bar. Südeuropas größten See, den Skutarisee, teilt sich Montenegro mit Albanien. Vor Ort zahlt man seinen Rotwein Vranac mit Euro und spricht Montenegrinisch, aber auch Serbisch, Bosnisch, Albanisch und Kroatisch sind in manchen Gemeinden als Amtssprache anerkannt. Die Schilder sind in lateinischer und kyrillischer Schrift.

Montenegro

Montenegro ist ein Land für diejenigen, die sich Meer und Berge zugleich in schönsten Ausführungen wünschen. Eine der beeindruckendsten Zugstrecken des Balkans verbindet beides.

LIEBLINGSSTRECKE

Belgrad–Bar (11 Stunden, 21 €)
In Serbien folgt man noch dem Fluss Lim, dann beginnt die beeindruckende Fahrt durch das Dinarische Gebirge. Auf der insgesamt 455 Kilometer langen Strecke überquert man 254 Tunnel und 435 Brücken, darunter Europas höchste Eisenbahnbrücke, das 200 Meter hohe Mala-Rijeka-Viadukt, auf dem man im langsamem Tempo über den gleichnamigen Fluss fährt. Als die Bahnstrecke 1976 vollendet wurde – was kein leichtes Unterfangen gewesen sein muss – war sie das Prestigebauwerk Jugoslawiens, Tito eröffnete sie. Nach der Hauptstadt Podgorica wird das Land flacher und im linken Zugfenster taucht der Skutarisee auf, bevor man nach 12 Stunden (oder ein paar mehr, Verspätungen sind üblich) Bar erreicht. An Bord gibt es Kaffee, aber meist keine Speisen. Tipp: Für das tolle Gebirgserlebnis unbedingt den montenigrinischen Streckenabschnitt bei Tageslicht durchfahren.

Kotor

STRECKENNETZ

Das Bahnnetz ist klein, aber beeindruckend. Auf den zwei Linien passiert man 121 Tunnel und 120 Brücken. Die schönste und einzige grenzüberschreitende Strecke verläuft tagsüber und nachts zwischen Belgrad und Bar, daneben zweigt eine weitere von der Hauptstadt Podgorica nach Nikšić ab. Mit dem moderneren Bussystem erreicht man auch andere Orte.

ZÜGE

Željeznica Crne Gore (ŽCG) ist die montenigrinische Eisenbahngesellschaft, die schnellere Brzi- (B) und langsamere Lokalzüge (L) durch das Land schickt. Klimatisierte Civity-Regionalzügen verkehren zwischen der Hauptstadt und Nikšić.

PREISE UND FAHRKARTEN

Die Strecke Podgorica–Nikšić kostet 3 €, der montenegrinische Teil der Gebirgsstrecke Bar–Bijelo Polje 7 €. Kinder bis sechs Jahren reisen umsonst mit, Personen unter 26 erhalten 30 % Rabatt.

Fahrkarten gibt es an den Bahnhöfen Podgorica, Sutomore, Bar, Bijelo Polje und Nikšić, Fahrpläne auf zcg-prevoz.me (Englisch und Montenigrinisch).

ANREISE

Erst nach **Belgrad** (S. 107, Serbien) und dann mit der Gebirgsbahn nach Montenegro.

Fakten

Nordmazedonien trägt seinen Namen seit 2019. Ein langjähriger Namensstreit mit Griechenland verhinderte vorher eine anerkannte Benennung. Mazedonisch und in einigen Regionen auch Albanisch sind Amtssprachen, man spricht auch Türkisch, Serbisch und Romani. Die Währung ist Denar (MKD). Das Land ist nur dort flach, wo der Fluss Vardar fließt und die Eisenbahnlinie durchführt, sonst ist es bergig. Im Norden teilt sich Nordmazedonien das Šar-Planina-Gebirge mit dem **Kosovo**, das komplett von Gebirgen umgeben ist. Die Hauptstadt des Kosovos ist Pristina, die Amtssprachen sind Albanisch und Serbisch, an manchen Orten auch Türkisch, Bosnisch und Romani. Gezahlt wird in Euro.
Im Westen von Nordmazedonien befindet sich das Jablanica- und Korabgebirge und dahinter **Albanien**. Diese beiden Länder teilen sich den Ohridsee. Albanien hat eine 362 Kilometer lange Küste am Adriatischen und Ionischen Meer und grenzt im Norden an Montenegro. Die Hauptstadt ist Tirana, die Währung Lek und die Amtssprache Albanisch, es wird auch Mazedonisch und Griechisch gesprochen. Italienisch ist eine weit verbreitete Fremdsprache.

Nordmazedonien, Kosovo und Albanien

Mit ein bisschen Entdeckergeist sollte man diese drei Länder kennenlernen, in denen vergangene Kriege, Isolation und die Hoffnung auf eine EU-Zukunft nah beieinanderliegen. Das Streckennetz ist dünn, die Züge überraschend modern oder charmant rustikal und die Landschaft herrlich gebirgig.

STRECKENNETZ

Fehlende Finanzierungen reduzieren das Bahnnetz in diesen drei Ländern leider immer mehr. Nordmazedonien ist aktuell am aktivsten: Von Tabanovce an der serbischen Grenze fährt man durch das Vardar Tal und über Skopje nach Gevgelija zur griechischen Grenze.
Im Kosovo gibt es zwei Zugstrecken. Eine davon führt von Pristina nach Peja nahe des Nationalparks Bjeshkët e Nemuna, die andere nach Nordmazedonien. Aus letzterer kann man einen Tagesausflug machen: Am Morgen fährt der Zug von Skopje nach Pristina (Ankunft: 9:52 Uhr) und am Nachmittag (Abfahrt: 16:10 Uhr) wieder zurück.
Albaniens Zugnetz ist abgeschottet von seinen Nachbarländern. Momentan verkehrt nur eine Linie von Durrës an der Adriaküste über Kashar bei Tirana nach Elbasan ins Landesinnere. Direkt in Tirana gibt es keinen Bahnhof mehr.
Pläne für neue Zugstrecken schmieden alle drei Länder. Bis dahin kann man auch das Busnetz nutzen, so kommt man von Kotor in Montenegro nach Tirana und von dort weiter nach Athen.

PREISE UND FAHRKARTEN

Von Skopje nach Pristina zahlt man 4 € und nach Belgrad 25 €. Die knapp dreistündige Fahrt in Albanien von Durrës nach Elbasan kostet etwa 1 €. Innerhalb des Kosovos zahlt man nicht mehr als 3 €.

Fahrkarten gibt es nur vor Ort. Die aktuellen Fahrpläne für albanische Züge findet man auf hsh.com.al, Infos zu Nordmazedonien auf der mazedonisch- und albanischsprachigen Webseite mzt.mk und zum Kosovo auf trainkos.com mit Hilfe eines Onlineübersetzungsprogramms.

ANREISE

Nach Nordmazedonien kommt man normalerweise über **Belgrad** (S. 107, Serbien), man sollte vorab aber kontrollieren, ob die Verbindung noch aktuell ist. In den Kosovo gelangt man mit dem Zug über Nordmazedonien und nach Albanien nur mit Bussen und Booten entlang der Adriaküste.

ZÜGE

Als charmant und rustikal bezeichnet die nordmazedonische ŽRSMT (Železnici na Republika Severna Makedonija Transport) selbst ihre Züge. Seit 2013 haben sie auch moderne, klimatisierte Triebwagen des chinesischen CRRC in ihrem Bestand. Zwischen Nordmazedonien und dem Kosovo fährt ein IC. In Albanien kümmert sich Hekurudha Shqiptare um den Zugverkehr und es kann passieren, dass man in alten Wagen der DB sitzt.

Skopje

BULGARIEN
SOFIA
KOSOVO
SKOPJE
NORD-
MAZEDONIEN
ALBANIEN
ORMENIO
EDIRNE
PYTHION
ISTANBU
IDOMENI
FLORINA
ALEXANDROUPOLIS
THESSALONIKI
KOZANI
KATERINI
KALAMBÁKA
TÜRKEI
GRIECHENLAND
LARISSA
VOLOS
LAMIA
IZMIR
CHALKIDA
PATRAS
ATHEN & PIRÄUS
DIAKOPTO
KATAKOLO
OLYMPIA
KRETA

Griechenland

In Griechenland folgt man meist den Spuren der Götter, egal, ob man mit dem Zug entlang der Küste, zu Felsenklöstern oder am Olymp vorbeifährt, in der Hauptstadt Athen weilt oder mit den Fähren auf die Inseln übersetzt.

Fakten

Das Land der antiken Philosophen liegt im östlichen Mittelmeer. Im Ionischen Meer und der Ägäis verteilen sich über 3000 griechische Inseln. An das Festland schließt sich im Süden die Halbinsel Peloponnes an. Es ist jedoch nicht alles Strand und Meer, das Festland ist überwiegend gebirgig. Griechenland grenzt an Albanien, Nordmazedonien, Bulgarien und die Türkei. Die Amtssprache ist Griechisch. Gezahlt wird in Euro.

LIEBLINGSSTRECKE

Athen–Thessaloniki (ab 4:15 Stunden, 52 €)
Das Highlight der Strecke befindet sich zwischen Larissa und Katerini (Κατερίνη) und ist kaum zu übersehen, wenn man durch das Fenster gen Westen schaut: Dort taucht der Olymp auf, die Heimat der olympischen Götter, das höchste Gebirge in Griechenland. Steigt man in Katerini aus, ist die atmosphärisch beeindruckende Ausgrabungsstätte Dion am Fuße des heiligen Berges mit einem Taxi 20 Minuten entfernt, und mit dem Bus kommt man in 25 Minuten nach Litohoro, wo geführte Olymp-Bergtouren starten.

STRECKENNETZ

Die Fähren sind das wichtige Transportmittel zu Griechenlands Inseln, doch man sollte das Festland nicht vergessen. Die Hauptstrecke der Eisenbahn führt von Piräus (Πειραιάς) im Süden nach Idomeni im Norden. Auf dem Weg liegen Larissa und Thessaloniki (Θεσσαλονίκη) und weitere Routen zweigen ab: Nach Chalkida auf der Insel Euböa, nach Kalambaka am Fuße der UNESCO-Metéora-Klöster und nach Volos am Pagasitischen Golf. Von Thessaloniki kommt man entlang des Nesto-Flusses gen Osten nach Alexandroupolis und Ormenio.
Auf der Halbinsel Peloponnes gibt es zwei kurze, touristisch interessante Bahnstrecken: vom Kreuzfahrthafen in Katakolo zur antiken Ausgrabungstätte Olympia und von Diakopto mit der Zahnradbahn durch die Vouraoikos-Schlucht.

Thessalonikis Bahnhof verbindet Griechenland mit dem internationalen Bahnnetz. So kommt man nach Sofia (Bulgarien) und von dort weiter nach Istanbul (Türkei), im Sommer eventuell auch mit dem Hellas-Express nach Serbien, falls dieser weiterhin fährt, da er jedes Jahr erneut auf der Kippe steht. Außerdem gibt es einen Sommer-Nachtzug nach Bukarest (Rumänien).
Vom Hafen in Piräus – eine zwanzigminütige Metrofahrt vom Athener Stadtzentrum entfernt – starten die Fähren zu den vielen Inseln.

ZÜGE

Die InterCity-Züge sind schnell und modern, man muss einen (kostenfreien) Sitzplatz reservieren. In Athen (Αθήνα), Thessaloniki und Patras kann man mit den Suburban Lines (Proastiakos) das Umland erkunden. Die Dampflok Pilionbahn fährt von Ano Lechonia nach Milies. TrainOSE, das mittlerweile zum italienischen Ferrovie dello Stato Italiane gehört, betreibt das Netz.

PREISE UND FAHRKARTEN

Für eine vierstündige Fahrt von Athen nach Volos zahlt man mindestens 30 €. Bei Hin- und Rückfahrten gibt's 20 % Rabatt, 15 % bei früher Buchung, 10 % über die App. Kinder unter vier Jahren reisen umsonst mit, bis zwölf Jahre für die Hälfte des Ticketpreises.

Fahrkarten innerhalb Griechenlands gibt es auf tickets.trainose.gr. A steht für 1. und B für 2. Klasse.

ANREISE

Wenn möglich (vorab aktuelle Infos einholen!) über **Belgrad** (S. 107, Serbien) nach Thessaloniki. Oder mit dem Zug nach **Bari** (S. 138, Italien) und per Fähre nach Griechenland.

BAHNLEKTÜRE

Alexis Sorbas und **Einsame Freiheit**, Nikos Kazantzakis

Das Panathinaiko-Stadion in Athen

Athen

Fakten

Im Osten grenzt das Land mit seinen goldenen Stränden ans Schwarze Meer, im Norden fließt die Donau als Grenze zu Rumänien. Zwei Gebirgsketten ziehen sich durch Bulgarien, die Rhodopen im Süden und das Balkangebirge im Norden. Es wird Bulgarisch gesprochen und kyrillisch geschrieben, man zahlt mit Lewa (BGN).

Bulgarien

Von den Hochgebirgen bis zu den Stränden des Schwarzen Meeres legt man mit den bulgarischen Zügen etliche Höhenmeter zurück und gönnt sich bei Zwischenstopps die Vorspeisenkombination Salat und Obstbrand.

LIEBLINGSSTRECKE

Septemwri–Dobrinischte (5 Stunden, 3 €)
Durch die drei Gebirge Rhodopen, Rila und Pirin in Südbulgarien zieht eine Diesellok viermal täglich ihre Waggons, vorbei am 2914 Meter hohen Wichren, dem 2191 Meter hohen Großer Perelik und mit Stopp in Avramovo, dem höchsten Bahnhof des Balkans auf 1267 Metern. Kaum Touristen, sondern vor allem Pendler nutzen die letzte Schmalspurbahn des Landes, die sich durch das beeindruckende Ausguck- und Wandergebiet schlängelt. Den Startbahnhof Septemwri erreicht man in zwei Stunden von der Hauptstadt Sofia (София).

STRECKENNETZ

Drei Bahnstrecken führen vom Süden über das Balkangebirge in den Norden: Von Sofia nach Vidin entlang des Balkangebirges, von Stara Sagora nach Gorna Orjachowiza über den Mittleren Balkan nahe des Schipkapasses und von Burgas nach Warna (Варна) über den Östlichen Balkan.
Von Sofia kommt man auch gen Osten ans Schwarze Meer wie nach Warna (7:30 Stunden) und Burgas (Бургас, 7 Stunden) oder nach Plowdiw (Пловдив), Bulgariens zweitgrößter Stadt auf den sechs Hügeln. Bis auf Nordmazedonien fahren die Züge in alle Nachbarländer: Ziele sind Bukarest, Istanbul, Thessaloniki und Belgrad. Und nach Georgien auf der anderen Seite des Schwarzen Meeres gelangt man in 54 Stunden mit Fähren ab dem Hafen von Warna.

ZÜGE

Expresen Vlak Schnellzüge verkehren zwischen den großen Städten Sofia, Plowdiw, Warna und Burgas. Ebarz Vlak (BV) sind schnelle, Patnicheski langsamere Regionalzüge, betrieben von der Bulgarischen Staatseisenbahn BDŽ. Schnellfahren ist dabei relativ: Von Sofia nach Burgas braucht man für 418 Kilometer knapp sieben Stunden.

PREISE UND FAHRKARTEN

Von Sofia kommt man ab 4 € nach Plowdiw, ab 10 € nach Burgas. Sitzplatzreservierungen kosten 25 Cent, Kinder unter vier Jahren ohne eigenen Platz reisen umsonst mit. Nach Bukarest fährt man für 25 €.

Fahrkarten gibt es auf der englisch- und bulgarischsprachigen Seite bdz.bg/en. Tickets für internationale Verbindungen kauft man vor Ort.

ANREISE

Option 1: In **Bukarest** (S. 120, Rumänien) mittags losfahren und mit dem zwischen Juni und Oktober fahrenden Bosphorus Express elf Stunden später im bulgarischen Dimitrowgrad ankommen. Im Winter muss man in Giurgiu und Gorna Orjachowiza umsteigen. Option 2: Von Bukarest nach Sofia in neun Stunden mit Umsteigen in Giurgiu. Option 3: In **Belgrad** (S. 107, Serbien) starten und den Sommerzug „Balkan" (Juni-September) am Morgen nehmen, um 11:30 Stunden später in Sofia anzukommen. Im Winter mit Umstieg in Niš und Dimitrowgrad.

Am Schwarzen Meer

POLEN
UKRAINE
SLOWAKEI
MOLDAWIEN
UNGARN
IAŞI
CHIŞINĂU
ORADEA
CLUJ-NAPOCA
TÂRGU MUREŞ
SICULENI
ARAD
KARLSBURG
SIGHIŞOARA
BRAŞOV
TIMIŞOARA
SIBIU
GALAŢI
SINAIA
RUMÄNIEN
BELGRAD
BUKAREST
KONSTANZA
SERBIEN
CALAFAT
VIDIN
BULGARIEN
SOFIA
KOSOVO
SKOPJE
EDIRNE
NORD-
MAZEDONIEN
ALBANIEN
ISTANBUL
GRIECHENLAND
THESSALONIKI
TÜRKEI

Rumänien

In gemächlichem Tempo schlängeln sich die rumänischen Züge durch die Westkarpaten – Rumänien ist das Land für Draculageschichten, Bergpanoramen und langsames Reisen.

Von Cindy Ruch und Andrea Leindl

Fakten

Rund 20 Millionen Einwohner verteilen sich auf einer Fläche von 238.397 km². Rund 5000 Braunbären leben vor allem in den Karpaten, das ist eine der dichtesten Bärenpopulationen in Europa. In Rumänien zahlt man mit Lei (Singular: „Leo“, deutsch: „Löwe“). Ein Leo unterteilt sich in 100 Bani.
Als romanische Sprache ist Rumänisch eng mit dem Italienischen verwandt. Gut zu merken und gebrauchen sind „Buna ziua“ (Guten Tag), „Pofta Buna“ (Guten Appetit). Zum Anstoßen verwendet man „noroc“ oder „sănătate“.
Ş wird wie „sch“ ausgeprochen und ţ wie „tz“ – şniţel findet man auch auf Speisekarten.
Mit Englisch und Deutsch findet man sich in Rumänien gut zurecht. In manchen Landesteilen ist auch Ungarisch verbreitet.
Rumänien wird immer mehr vom internationalen Tourismus entdeckt. Wer es gerne ruhiger hat, fährt außerhalb der Monate Juli und August. Auch der Winter hat seinen besonderen Reiz.

LIEBLINGSSTRECKE

Bukarest–Braşov (ab 2:30 Stunden, 9 € mit IR)
Erstaunlich schnell ist man aus der Stadt heraus und mitten in den Westkarpaten auf dem Weg nach Braşov in Siebenbürgen (Transsilvanien). In der Nähe steht das Schloss Bran, das angebliche Draculaschloss. Von Braşov könnt ihr weitere spektakuläre Zugfahrten durch die Karpaten unternehmen, beispielsweise über Siculeni nach Cluj-Napoca (7 Stunden, 15 €), oder von Braşov in je 2:30 Stunden nach Sighişoara (7 €) und Sibiu (8 €).

STRECKENNETZ

Die rumänischen Zügen können nicht schneller als 100 km/h fahren. Das ermöglicht jedoch, in aller Seelenruhe die beeindruckenden Ausblicke auf die westlichen Karparten zu genießen. Mit der privaten Astra Trans Carpatic kommt man außerdem in 13 Stunden von Arad in Westrumänien bis nach Konstanza (Constanţa) am Schwarzen Meer.
Im Sommer gibt es Nachtzug-Verbindungen von Bukarest nach Istanbul, Thessaloniki und Prag, ganzjährig nach Wien, Kiew und Chişinău und neu von Iaşi über Chişinău nach Odessa.

ZÜGE

Drei Zugarten betreibt die rumänische Staatsbahn CFR (Căile Ferate Române): IC, Interregio (IR) und Regio (R). Als „Blaue Pfeile" (Săgeata Albastră) verkehren Siemens-Desiro-Züge rund um Bukarest und zwischen Arad, Oradea und Cluj-Napoca in Westrumänien.
Das private Astra Trans Carpatic bietet Nacht- und Tagverbindungen auf einer Strecke quer durch das Land mit 4er-Liegewagen- und 2-Bett-Schlafwagenabteilen in der einfachen und luxuriösen (mit Toilette) Variante.

PREISE UND FAHRKARTEN

Zugfahren in Rumänien ist günstig, selbst wenn man spontan am Gleis das Ticket bucht. Hat man Zeit und nimmt die Regionalzüge, spart man die Hälfte im Vergleich zu einer Fahrt im Interregio. Die Preise berechnen sich in Staffelungen nach Kilometern: Für 100 Kilometer im R/IR zahlt man 3/5 €, für 200 Kilometer 6/11 €. Im Interregio und IC muss man reservieren. Die Reservierungsgebühr im 4er-/6er-Liegewagen beträgt 11/8 €, im 1-/2-/3-Bett-Abteil 33/16/13 €. Kinder unter fünf Jahren, die keinen extra Platz brauchen, reisen umsonst.
Mit Astra Trans Carpatic zahlt man von Arad nach Konstanza (Constanța) mindestens 33 € plus Zuschläge 10/12/18 € für Liegewagen/Schlafwagen/Schlafwagen Deluxe.

Fahrkarten gibt es auf Englisch und Rumänisch für nationale und internationale Strecken mit der CFR auf cfrcalatori.ro, für die West-Ost-Verbindung durch Rumänien mit Astra Trans Carpatic auf astratranscarpatic.ro.

ANREISE

Von **Berlin, München** und **Zürich** nach Budapest (S. 95, Ungarn) und weiter tagsüber oder nachts nach Bukarest (16 Stunden). Das Ticket von Budapest nach Bukarest kauft man online bei MÀV (mavcsoport.hu) und druckt es vor Ort am Automaten aus.

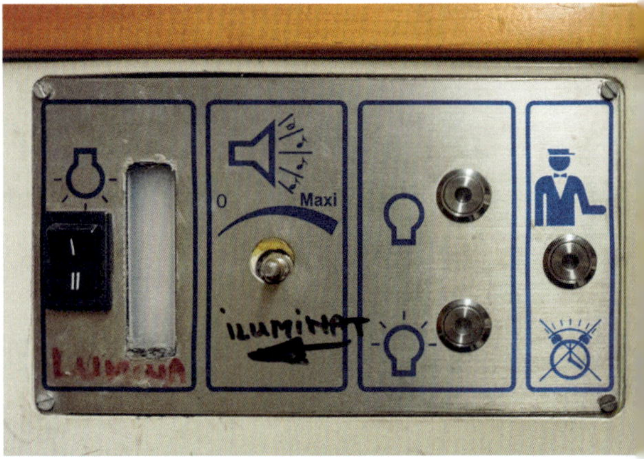

Direkt mit dem Dacia-Express (20 Stunden) geht es von **Wien** nach Bukarest, oder mit dem Railjet nach Budapest (2:30 Stunden) und von dort nach Bukarest. Auch möglich: Nach Cluj-Napoca in Siebenbürgen von Wien in rund 12 Stunden mit dem EC Transilvania oder dem Nachtzug.

BAHNLEKTÜRE

Dracula, Bram Stoker
Die Unschärfe der Welt, Iris Wolff

Stilvolles Ambiente im Speisewagen

Wien–Bukarest

Im Nachtzug nach Rumänien

Von Andrea Leindl

Da steht er schon, mit der Aufschrift, die mich magisch anzieht: „Viena-București D346" wartet nur noch darauf, betreten zu werden. 1145 Kilometer und 25 Stationen liegen vor mir – immer verbunden mit ein bisschen Herzklopfen: Mit wem werde ich den Liegewagen teilen? Wird alles gut gehen auf der Fahrt? Unterschiedliche Sprachen mischen sich; der Reisebegleiter kann zumindest ein paar Brocken Deutsch für die notwendigste Kommunikation.

Andrea bereist seit 2008 Rumänien und wird nicht müde, immer wieder Neues zu entdecken und die Entwicklung des Landes zu beobachten.

In Budapest das erste Staunen beim Anblick des nächtlichen Bahnhofs in historischem Ambiente. Danach Schlaf, der nur durch die Grenzkontrolle unterbrochen wird. Nach dem Aufwachen der erste Blick aus dem Fenster: Landschaft, kleine Ortschaften, Baustellen, der Mieresch (Mureș)-Fluss und kilometerlange Rohre nahe Diemrich (Deva). Alles gleitet in sehr reduzierter Geschwindigkeit vorbei. Durch das geöffnete Zugfenster kommt frische Morgenluft herein.

Die ersten Mitreisenden verlassen den Zug – dafür wird bald ein Speisewagen angehängt. Während des Essens ziehen vorbei: Eine malerisch sanfte Hügellandschaft, später Wälder. Auf knapp 1000 Höhenmetern erreicht der Zug Predeal, bevor er durch das Prahova-Tal die Karpaten bergab fährt und am Nachmittag die Endstation erreicht.

Nach zwanzig Stunden habe ich Einblick in die Lebensgeschichte meiner 76-jährigen Abteilkollegin gewonnen, hervorragend im Speisewagen gegessen und bin voll mit Landschaftseindrücken – bevor mich in Bukarest wieder die Geschwindigkeit einholt.

Zu Tagesbeginn ist der Zug bereits in Rumänien angekommen.

STRECKENINFOS

Der Nachtzug „Dacia-Express“ D346 fährt täglich von Wien nach Bukarest und (als D347) retour. Für die 1145 Kilometer lange Strecke braucht der Zug rund 20 Stunden, wozu auch Aufenthalte in Budapest und an der Ungarisch-Rumänischen Grenze gehören. Verspätungen sind nicht selten. Bis Budapest ist die Strecke sehr gut ausgebaut – die Strecke durch den Banat (westliches Rumänien) und Siebenbürgen (zentrales Rumänien) wird laufend modenisiert, lässt aber abschnittsweise nur sehr langsame Geschwindigkeiten von circa 50 km/h zu.

Wer schnell und modern reisen will, ist fehl am Platz: Ein etwas historisches Ambiente mit CFR Liege- und Schlafwagen erwartet die Reisenden. Die Waggons sind jedoch durchaus geräumig und die Betten und Liegen bequem. Buchbar ist die Fahrt im Sitzwagen (meist Abteilwagen) sowie Liegewagen mit vier oder sechs Liegen und im Schlafwagen mit ein bis drei Betten (übereinander). Es empfiehlt sich aber auf jeden Fall der Aufpreis für Liege- oder Schlafwagen; hinsichtlich Preis-Leistung ist der 4er Liegewagen sehr empfehlenswert!

In den Schlafwagenabteilen ist teilweise ein Waschbecken integriert. Ein Speisewagen wird bis Budapest mitgeführt und dann wieder zwischen Teiuș und Bukarest. Wein gibt es hier gleich in 0,75 Liter Flaschen für umgerechnet 6-8 €. Abweichungen der Zuggarnitur können durchaus vorkommen, es empfiehlt sich daher, selbst etwas Proviant mitzunehmen – auch etwas rumänisches Bargeld ist praktisch, notfalls kann man aber im Speisewagen mit Euro zahlen.
Der „Dacia-Express“ ist in die ÖBB-Sparschiene eingebunden und kann online gebucht werden: tickets.oebb.at. Der günstige Sparschiene-Basistarif von Wien

nach Bukarest beträgt bei frühzeitiger Buchung 49 €, dazu kommen Zuschläge in Höhe von 10-80 € je nach gebuchter Schlaf- oder Liegewagenkategorie. Die Tickets können online bezahlt werden, müssen aber per Abholcode an einem österreichischen Fahrscheinautomaten oder Fahrkartenschalter abgeholt werden. Fahrscheine können auch über cfrcalatori.ro gebucht werden – dann allerdings nur in Rumänien abgeholt werden.

Auch wenn Rumänien seit 2007 EU-Mitgliedsstaat ist, liegt es außerhalb des Schengen-Raumes. In der Nacht werden daher Grenzkontrollen durchgeführt – sowohl auf ungarischer als auch auf rumänischer Seite. Daher am besten den Pass oder Personalausweis (noch mindestens drei Monate gültig) bereithalten und nicht erschrecken, wenn es nachts an der Abteiltür klopft.

STATIONEN

Auf dem Weg nach Bukarest durchquert der „Dacia" Siebenbürgen und überquert die Karpaten. Ein Halt lohnt sich, um historische Städte zu besuchen. Siebenbürgen ist berühmt für seine über 160 (erhaltenen) **Kirchenburgen**, deren Entstehungsgeschichte bis weit ins Mittelalter zurückgeht. Damals war die Region ein umkämpftes Grenzgebiet und die Kirchenburgen boten Schutz. Im Inneren sind noch Spuren der deutschsprachigen Siebenbürgener Sachsen zu finden. Sieben der Kirchenburgen wurden in das UNESCO-Weltkulturerbe aufgenommen.

Wahrzeichen von **Karlsburg** (Alba Iulia) mit rund 70.000 Einwohner ist die historische Festungsanlage Alba Carolina, die in den letzten Jahren umfangreich saniert wurde. Auf der sternförmig angelegten, um die 70 Hektar großen Anlage finden sich interessante historische Gebäude. Ringsum wurde ein grüner Gürtel angelegt; immer mehr Cafés und Bars siedeln sich rund um die Burganlage an.

Wer historisches Ambiente mag: Innerhalb der Festung befindet sich das Hotel Medieval. Etwas günstiger übernachtet man außerhalb, in familiär geführten Hostels.

Die mittelalterliche Stadt **Sighişoara** (Schässburg) ist leicht zu Fuß vom Bahnhof aus zu entdecken. Es lohnt sich der Aufstieg zur Bergkirche und ein Besuch des Bergfriedhofs, auf dem zahlreiche Grabsteine mit deutschen Inschriften zu finden sind.

Von der kleinen Terrasse des Medieval Cafe Restaurants aus hat man einen schönen Blick auf den Turnul cu Ceas, den mittelalterlichen Stundturm. Tipp: Direkt in Bahnhofsnähe befinden sich das Sighisoara Studio 22 und das Apartment 24, beides modern und geschmackvoll ausgestattete Ferienwohnungen.

Empfehlenswert ist der Besuch einer Kirchenburg, wie etwa in Biertan oder in Deutsch-Weißkirch (Viscri) und eine Übernachtung auf dem Land (zum Beispiel in der Agromonia Stejărişu oder im Bike Check Inn Bunesti), jeweils rund 40 Kilometer von Sighişoara entfernt.

Mit circa 270.000 Einwohnern zählt **Braşov** (Kronstadt) zu den größeren Städten in Rumänien. Von weitem sieht man schon die „Hollywoodsigns" auf dem Hausberg Tâmpa, der von der Altstadt per Seilbahn oder zu Fuß in 30 Minuten erreicht werden kann. Der Bahnhof selbst liegt rund drei Kilometer außerhalb des historischen Zentrums, dessen Wahrzeichen die Biserica Neagra (Schwarze Kirche) ist.

Auch im Winter ist die Fahrt ein Erlebnis.

Traditionell siebenbürgische Küche wird im Restaurant La Ceaun serviert. Es sind überwiegend Eintöpfe, die mit Zutaten von Bauernhöfen aus der Region zubereitet werden.

Die Kleinstadt **Sinaia** in den Karpaten ist ein guter Ausgangsort für Wanderer in den Naturpark Bucegi und bietet eine Reihe von Sehenswürdigkeiten: das Kloster Sinaia, das nach dem Berg Sinai in Ägypten benannt wurde, sowie nördlich davon die Schlösser Peleș und Pelișor.

In der Altstadt, dem Lipscani-Viertel der rumänischen Hauptstadt **Bukarest** (București), pulsiert ein lebhaftes (und lautes) Nachtleben. Westlich davon schließt die Calea Victoriei an, entlang derer sich viele historisch bedeutsame Gebäude befinden und die von einem Radweg begleitet wird. Durch den französischen Einfluss (vor allem aus den Jahren 1936 bis 1940) trägt Bukarest auch den Beinamen Micul Paris („Kleines Paris"): Der Triumphbogen sowie viele Villen im französischem Stil aus den 30er Jahren sind dafür typisch.

Tipp: Am Bahnhof Gara de Nord gibt es ein Eisenbahnmuseum der CFR, mit Modelleisenbahn und umfangreichen Informationen und Erinnerungsstücken zur rumänischen Eisenbahngeschichte.

UND WEITER

Wer jetzt noch nicht genug hat, kann eine Weiterfahrt nach Moldawien, nach Kiew oder auch nach Istanbul ins Auge fassen.

Fakten

Der Bosporus, der durch Istanbul vom Schwarzen Meer ins Marmarameer fließt, ist auch die Grenze zwischen Europa und Asien. Ostthrakien befindet sich auf dem europäischen Teil der Türkei und grenzt an Griechenland und Bulgarien, Anatolien ist der asiatische Teil. Von den insgesamt 84 Millionen Einwohnern leben 15 Millionen in Istanbul und nur fünf Millionen in der Hauptstadt Ankara. Durch das Land hallt fünfmal täglich die Stimme des Muezzins, während man Schwarzen Tee und Baklava mit Blick auf die imposanten Moscheen zu sich nimmt. Türkisch ist Amtssprache. Die Währung sind Türkische Lira (TRY).

Türkei

Der berühmte Orient-Express fährt nicht mehr, aber glücklicherweise verbinden heute andere Züge Westeuropa mit Istanbul – und wer möchte, reist sogar noch weiter gen Osten.

Von Cindy Ruch und Noam Schaulin

LIEBLINGSSTRECKEN

Villach–Edirne (Optima Express, 34 Stunden, ab 188 € im 6er-Liegewagen, PKW ab 260 €)
Ohne Umsteigen gelangt man vom österreichischen Villach mit dem Optima-Express in die Türkei. Zwischen April und November fährt er ein- bis zweimal die Woche mit gut erhaltenen (nicht klimatisierten) DDR-Liegewagen 1400 Kilometer durch Slowenien, Kroatien, Serbien und Bulgarien.
Auch ein Autoreisezugwagen und ein Speisewagen sind angekoppelt. Ankunft ist im türkischen Edirne, wo man sich ein Zugticket für die Weiterfahrt nach Istanbul Halkalı holt. Fahrt von dort mit der Marmaray-Bahn zum Bahnhof Sirkeci, um mitten in der Stadt anzukommen wie einst die Gäste des Orient-Express.

Ankara–Kars (24-27 Stunden, ab 6 € für Liegewagenplatz im Doğu Express, ab 45 € für Schlafwagenplatz im Doğu Tourist)
Diese beliebte Strecke durchquert Zentral- und Ostanatolien. Es gibt den klassischen Doğu Express, der an 53 Bahnhöfen hält, und den Doğu Tourist mit 2-Bett-Abteilen (und eigenem Kühlschrank), der längere Stopps für See- und Stadtbesichtigungen einlegt: auf der Hinfahrt in Kemah und Erzurum, auf der Rückfahrt in Divriği und Bostankaya. Es gibt kein WLAN, aber einen

Speisewagen und eine weite, fast unbewohnte Landschaft im Zugfensterrahmen. Tickets unbedingt die möglichen 30 Tage im Voraus buchen!

STRECKENNETZ

Von Westeuropa gibt es zwei Strecken nach Istanbul: entweder mit dem im Sommer fahrenden Bosfor-Nachtzug von Bukarest (Abfahrt: 12:45 Uhr) oder mit dem Balkan-Express von Belgrad (Abfahrt: 9:25 Uhr) über Sofia nach Istanbul.
In Dimitrowgrad werden beide Züge aneinandergekoppelt. Zusätzlich gibt es den privaten Optima Express, der durchgängig von Österreich in das türkische Edirne fährt.
In Istanbul endet Europa und beginnt Asien und damit starten neue Reisemöglichkeiten: nach Teheran (Iran) mit dem Transasia Express und einer Fährverbindung über den Vansee ab Ankara (4 Stunden von Istanbul entfernt) oder nach Batumi (Georgien) mit dem Doğu Express bis Kars und einem anschließenden Bus über die türkisch-georgische Grenze.

ZÜGE

Die modernen Wagen der Türkischen Staatsbahn, die von Westeuropa nach Istanbul fahren, sind klimatisiert, haben Abteile mit vier Liegen und einem beziehungsweise zwei Betten. Kissen, Bettbezüge und Decken werden verteilt, die Schlafwagen haben einen Kühlschrank. Auf der Relation Bukarest–Istanbul verkehrt ein einzelner Liegewagen, angehängt an andere Züge mit Sitzwagenabteilen. Auf der Verbindung Sofia–Istanbul verkehren mehrere Schlaf- und Liegewagen, im Sommer außerdem ein bulgarischer Liegewagen 2. Klasse mit Sechserabteilen. Dieser ist deutlich älter, enger und ungemütlicher, aber auch mit Steckdosen ausgerüstet. Einen Speisewagen gibt es auf keiner Verbindung.
Der Transasia-Express fährt westlich des Vansees mit türkischen klimatisierten Liegewagen und Speisewagen, östlich des Sees mit iranischem Schlafwagen.
Der Doğu Express bietet Sitz- und Liegewagenplätze, im Doğu Tourist gibt es nur 2-Bett-Schlafwagen.

PREISE UND FAHRKARTEN

Eine Fahrt von Bukarest oder Belgrad nach Istanbul kostet knapp 50 € inklusive Reservierung.

Tickets bis Belgrad oder Bukarest bekommt man bei der DB oder ÖBB, und kauft dann vor Ort am Schalter die weiterführenden Fahrkarten nach Istanbul. Die Züge sind selten ausgebucht, meist kriegt man noch kurzfristig Tickets und Reservierungen. Zahlung ist mit Karte möglich. Fahrkarten für den Transasia Express sind auf transasiatrain.com erhältlich, für den Optima Express auf optimatours.de.
Für Fahrten innerhalb der Türkei klickt auf ebilet.tcddtasimacilik.gov.tr.

ANREISE

Von Österreich gibt es ab **Villach** die Direktverbindung nach Erdine in die Türkei und von da weiter nach Istanbul Halkalı in fünf Stunden.
Ansonsten muss man erst nach **Bukarest** (S. 120, Rumänien), um in den Bosfor-Nachtzug nach Istanbul (19:30 Stunden) einzusteigen. Eine Übernachtung in der rumänischen Hauptstadt sollte man einplanen, da der ab **Wien** verkehrende „Dacia“ nach Abfahrt des Istanbuler Liegewagens eintrifft und der ab **Budapest** fahrende „Ister“ nur knapp vorher – und Verspätungen üblich sind. Oder man wählt die Route über **Belgrad** (S. 107, Serbien), wo der Balkan-Express (22:30 Stunden) nach Istanbul fährt. Im Winter kommen zusätzliche Umsteigestopps hinzu.

Bukarest–Istanbul

Auf den Spuren des Orient-Express

Von Noam Schaulin, @AufGleis13

Der legendäre Orient-Express verband lange Paris mit Istanbul. Eine direkte Verbindung in die Stadt am Bosporus gibt es heute nur noch von Sofia und Bukarest aus. Letztere wird nur noch im Sommer bedient und besteht aus einem einzelnen türkischen Liegewagen, der von Zug zu Zug weitergegeben wird.

Sein zweites Wort war Zug. Seitdem beschäftigt Noam sich mit dem öffentlichen Verkehr und kann auf über 75 Fahrten mit dem Nachtzug zurückblicken. Er setzt sich in der Schweizer Politik für mehr Umweltschutz und Gerechtigkeit ein. Beruflich plant er als angehender Verkehrsplaner Bahnhöfe, Bushaltestellen und Velostraßen.

Meine Reise auf den Spuren des „Zugs der Könige" beginnt kurz vor Mittag. Mangels Speisewagen besteige ich eingedeckt mit Essen und Trinken den Zug. Nur wenige Fahrgäste befinden sich im Zug. Ich werde sie in den kommenden 19 Stunden auf eine spezielle Art kennenlernen. Wir versuchen, uns nicht zu stören und trotzdem bilden wir, eingeschlossen in diesem einen Wagen, eine Gemeinschaft.

Je weiter wir nach Süden kommen, desto mehr rattern die Schienen, desto langsamer wird die Fahrt. Die sich stetig verändernde Landschaft beruhigt und entspannt mich. In Bulgarien schließlich scheint die Zeit stillzustehen, der Wagen hält zwei Stunden alleine an einem Bahnhof und wartet auf die Weiterfahrt.

Der mürrische Schaffner spricht nur Türkisch, aber er verteidigt seinen Wagen und seine Fahrgäste gewissenhaft.

Meine Nachtruhe wird nur von der Grenzkontrolle in der Türkei gestört und als der Zug mich am nächsten Morgen in Halkalı, einem Vorort Istanbuls, ausspuckt, brauche ich einen Moment, bis ich realisiere, wo ich bin. Die Fahrt in der Metro hilft mir, aus der Reise-Trance zu erwachen und bringt mich zum zentral gelegenen Bahnhof Sirkeci. Dort, wo einst der Orient-Express endete, endet für mich dieses Schienenabenteuer.

STRECKENINFOS

Die **Grenzkontrollen** zwischen Rumänien und Bulgarien laufen einfach und schnell. Die Kontrolle wird im Zug erledigt und oft schauen die Grenzer nur kurz auf den Ausweis und ziehen weiter. Die Kontrollen an der Grenze zur Türkei dagegen sind komplizierter. Alle Passagiere müssen zur Pass- und Visakontrolle aus dem Zug ins Bahnhofsgebäude. Was leider bedeutet, dass man mitten in der Nacht aus dem Zug muss. Es ist auch möglich, dass man das ganze Gepäck mitnehmen muss, um es durch den Gepäckscanner zu schicken. Das verzögert den Ablauf und kann zu gröberen Verspätungen führen. Die Beamten sind aber meist freundlich und geduldig.

Auch in den **Wintermonaten** lässt sich die Strecke im Zug befahren. Da der direkte Zug nur zwischen Juni und Oktober verkehrt, muss außerhalb der Saison zweimal umgestiegen werden. Das macht die Reise weniger bequem, aber abwechslungsreicher. Die ersten beiden Teilstrecken werden in gemütlichen Sitzwagen der Bulgarischen Staatsbahnen zurückgelegt. Umgestiegen wird in Gorna Orjachowiza. Am Abend kann man dann in Dimitrowgrad in den durchgehend verkehrenden Nachtzug von Sofia nach Istanbul einsteigen und mit etwas Glück ergattert man sogar einen Platz im Schlafwagen.

In der Altstadt von Bukarest

STATIONEN

Bukarest ist die Hauptstadt von Rumänien und liegt im Süden des Landes. Die großen Straßen und monumentalen Regierungsbauten erinnern an die Diktatur in der zweiten Hälfte des 20. Jahrhunderts. Eine gute und günstige Variante zum Übernachten ist das The Midland Hostel, etwa 25 Gehminuten vom Nordbahnhof entfernt. Eine frühzeitige Reservierung lohnt sich, denn das Hostel ist auch in der Randsaison oft ausgebucht. Ausgehmöglichkeiten und diverse Restaurants finden sich besonders im Altstadtviertel Lipscani.

Gorna Orjachowiza in Nordbulgarien ist ein bedeutender Bahnverkehrsknotenpunkt des Landes. Der Liegewagen hat hier am Nachmittag 80 Minuten Aufenthalt. In dieser Zeit kann man den Bahnhof besichtigen oder beim Imbiss etwas zu essen holen. Da der Schaffner den Wagen wie sein eigenes Zuhause verteidigt, bietet sich auch ein kleiner Ausflug an. Die Zeit reicht für einen Kaffee oder ein Sandwich am zentralen Stadtplatz aus Sowjetzeiten. Alternativ befindet sich ein Supermarkt nordöstlich vom Zentrum in 20 Minuten Laufdistanz. Denkt daran, rechtzeitig zum Bahnhof zurückzukehren und wundert euch nicht, wenn der Wagen verschoben wird. Das ist normal und der Schaffner schaut auf eure Sachen.

Das zu Sowjetzeiten als Planstadt erbaute **Dimitrowgrad** befindet sich im Süden von Bulgarien. Hier hat der Liegewagen am Abend 50 Minuten Aufenthalt. Da der Bahnhof im Stadtzentrum liegt, bietet sich auch hier ein kurzer Ausflug in die Stadt an. Die Stadt ist aber nicht besonders sehenswert und so kann man hier auch einfach den Bahnhof und den Bahnhofsimbiss genießen.

Das Second Home Hostel in **Istanbul** bietet sich durch seine Nähe zum Bahnhof Sirkeci besonders an.

Blick über Istanbul

In den Südwesten

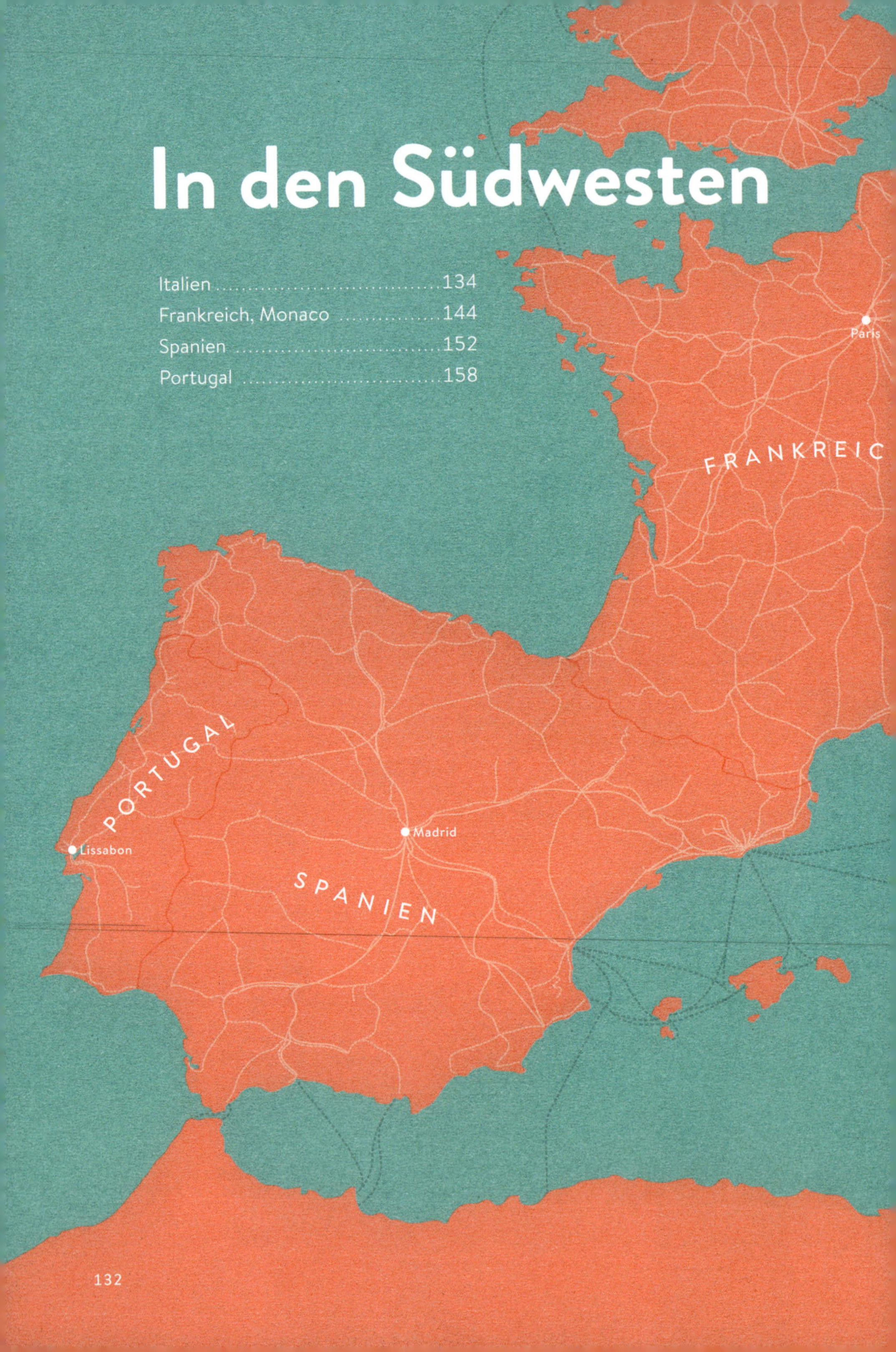

Hamburg
Berlin
Köln
München
Wien
Zürich
ITALIEN
Rom

München–Palermo

In Winternächten durch Italien

Von Cindy Ruch

Fährt man längs durch Italien, ändern sich Wetter, Landschaften, Dialekte und das Licht. Beim mitternächtlichen Zwischenstopp in Österreich ist es eiskalt, Atemwolken hängen wie Sprechblasen vor meinen Lippen, um die Bahnhofslampen kreisen Schneeflocken. Ein paar Stunden später laufe ich im Dunkeln über die Pflastersteine von Florenz, meine Jacke ist zu dünn. Im Winter verzögert sich das Aufwachen der Stadt, vor allem, wenn man so früh ankommt. Erst weit nach Sonnenaufgang öffnen die ersten Cafés und ich setzte mich ins Warme, tausche Zugsitz gegen Barhocker für den ersten italienischen Cappuccino und ein Bombolone.

Nächstes Ziel: Salerno, mit Zwischenhalt in Rom für die Dauer eines Espresso. Der Zug fährt an den flachen Dächern Neapels vorbei. Ich sollte für eine Pizza aussteigen, doch ich entscheide mich für Zitronen und ein paar Tage an der Amalfiküste.

Auf zwei freien Sitzplätzen schlafe ich im Nachtzug nach Palermo, beim Aufwachen glitzern Sonne und Meer durch das Fenster. Ich bin überrascht, schaue mir die Karte an: Hier fährt der Zug auf einer Fähre durch die Meerenge von Messina.

Als ich aus dem Zug stolpere, entledige ich mich schnell der Winterjacke, der Januar wirkt frühlingshaft und das hiesige Italien anders als im Norden, die Straßennamen haben arabische Unterschriften, es gibt mehr Marktstraßen, mehr Kontraste, Wortenden bleiben unausgesprochen.

Man kann Italien auch mit einem Umstieg durchfahren, in 27 Stunden vom Winter in den Frühling, vom Norden in den Süden – doch die Köstlichkeiten und Veränderungen liegen in den Zwischenstopps.

STRECKENINFOS

Möchte man schnell nach Sizilien, steigt man abends um 20:10 Uhr in München in den Nightjet nach Rom, wo man morgens um 9:10 Uhr ankommt. Um 11:06 Uhr fährt von dort die nächste zwölfstündige Direktverbindung nach Palermo ab. Alternativ verbringt man den Tag in Rom und steigt abends in den 23-Uhr-Intercity Notte. Dort gibt es kein Essen an Bord, also unbedingt davor satt werden oder Picknick einpacken. Ankunft in Palermo: 11:57 Uhr, passend zur Mittagessenszeit. Oder man reist mit selbst gewählten Zwischenstopps langsamer durch das Land.

Von München nach Rom geht es ab 30 € mit Sitzplatz oder ab 50 € im Liegewagen mit Nightjet. Von Rom nach Palermo kann man mit Super Economy Tickets tagsüber ab 20 € fahren, nachts ab 40 € im Liegewagen des Intercity Notte.

STATIONEN

Von Salerno kommt man mit einem Bus an die **Amalfiküste**, wo napoletanische Lieder auf Kirchenstufen gespielt werden und alles im Zeichen der Zitrone steht, von Limoncello bis zur Deko auf Keramikschalen. Den schönsten Ausblick hat man vom Garten der Villa Cimbrone, den auch schon D. H. Lawrence und Virginia Woolf genossen haben.

Findet man eine Unterkunft in Ravello, hat man den legendären Amalfiküstenblick, aber auch viele Treppenstufen zum Wasser hinunter. Zum Essen am besten Panini in Supermärkten oder Feinkostläden mit Prosciutto, Käse und Gemüse belegen lassen.

Das Zugnetz auf **Sizilien** eignet sich sehr gut zum Erkunden: Von Palermo kommt man an die West- und Ostküste und in die Bergwelt im Zentrum und im Süden der Insel. Bei der Fahrt entlang der Ostküste taucht der Vulkan Ätna im rechten Fenster auf. Seit 2018 spuckt er wieder Rauch und Feuer. In Syrakus (Siracusa) kann man in den Gassen der Insel Ortygia verloren gehen und dann in die Berge weiterfahren, ein hübsches Dorf ist Ragusa.

Einfaches Hostel mit netter Terrasse in der Nähe vieler Bars ist das Hotel Firenze. Unbedingt in einem der kleinen Restaurants Pasta alla Norma essen, Aubergine wird spätestens ab dem ersten Teller zum Lieblingsgemüse gehören. Auch lecker: Pasta con le sarde.

Cafula auf Sizilien

INNSBRUCK
ÖSTERREICH
SCHWEIZ
BOZEN
LUGANO
SLOWENIEN
LJUBLJANA
MAILAND
ZAGREB
TRIEST
VENEDIG
KROATIEN
GENOVA
BOLOGNA
LEVANTO
LA SPEZIA
RIMINI
PISA
FLORENZ
LIVORNO
ANCONA
SIENA
KORSIKA
(F)
ITALIEN
ROM
PORTO TORRES
OLBIA
SARDINIEN
NEAPEL
BARI
RAVELLO
BRINDISI
SALERNO
TARENT
LECCE
CAGLIARI
PALERMO
MESSINA
SIZILIEN
CATANIA
SYRAKUS

Italien

Alle Landwege nach Italien führen über die Alpen. Dahinter rollt man an Weinbergen und Seen vorbei, durch terrakottafarbene Großstädte und Dörfer, trinkt Espresso an Bahnhöfen oder auf Piazzas und gelangt an der Küste entlang bis zur Ferse oder Spitze des Stiefels.

Fakten

Italien hat eine Küstenlänge von 7600 Kilometern und ein Schienennetz mit knapp 20.200 Kilometern. Die Halbinsel grenzt im Norden an Frankreich, die Schweiz, Österreich und Slowenien. Um andere Länder zu erreichen, kann man auf ein gutes Fährnetz zurückgreifen und über das Mittelmeer nach Spanien, Griechenland, Kroatien und zu den Inseln gelangen.
Das Wetter verändert sich stark von Norden, wo es kalte Winter und heiße Sommer gibt, bis in den Süden, wo mediterranes Klima herrscht – und man mit etwas Glück schon im Februar nur eine dünne Jacke braucht und erste Mandelblüten sieht. Man zahlt mit Euro und hört Italienisch in all seinen Dialekten. Rom ist die italienische Hauptstadt, in der sich auch der kleinste allgemein anerkannte Staat, die Vatikanstadt, befindet.

LIEBLINGSSTRECKEN

München–Venedig (9 Stunden, ab 30/50/90 € mit Sitz-/Liegewagen-/2-Bett-Abteilplatz)
Im Nachtzug nach Venedig (Venezia) sieht man an klaren Nächten aus dem Fenster Alpengipfel und Sterne leuchten. Spätestens bei der Fahrt über die Lagune sollte man wach sein und zusehen, wie der Zug auf der Ponte della Libertà scheinbar über Wasser fährt. Der Bahnhof Venezia Santa Lucia bietet die wohl schönste Ankunft: Tritt man aus dem Bahnhofsgebäude hinaus, ist man sofort mitten in Venedig wie auf einer Bühne, mit den Gondeln, dem Canale Grande und den Häusern am Wasser.

Levanto–La Spezia (30 Minuten, ab 4 €)
In den Cinque Terre gibt es eine hübsche und zu Recht populäre Zugstrecke, die die fünf farbenfrohen Küstendörfer des Naturparks verbindet. Mit einer Tageskarte wählt man flexibel die Weiterfahrt, isst in Vernazza eine Pizza, in Corniglia ein Eis und schwimmt in Manarola im glasklaren Wasser oder erklimmt die Weinhänge – das dauert alles viel länger als die Fahrzeit von einer halben Stunde.

Mailand (Milano)–Bari (7:15 Stunden, ab 80 €)
Ab Rimini fährt man direkt an der Adriaküste entlang zum Stiefelabsatz, also unbedingt einen Fensterplatz auf der linken Seite in Fahrtrichtung ergattern. Oder im Nachtzug auf der gleichen Strecke durchschlafen und im südlichen Apulien aufwachen.

Bari–Tarent (Taranto) (1:30 Stunden, ab 7 €) Den Süden von Apulien in gemütlichen Ledersitzen bei 50 km/h erkunden und die frische Luft durch geöffnete Fenster hereinlassen: Das geht mit den Ferrovie del Sud Est (FSE), vorbei an leerstehenden Bahnhöfen und malerischen Olivenhainen. Dabei lässt sich beobachten, wie die Bahnschranken noch von Hand heruntergelassen werden.

STRECKENNETZ

In Bologna fließen die Zugstrecken des Nordens, die aus München und Wien kommen, zusammen, und führen in zwei Hauptlinien gen Süden. An der Westseite des Landes kommt man über Florenz (Firenze), Rom und Neapel (Napoli) bis nach Sizilien, an der Ostseite über Rimini und Bari bis nach Lecce in Apulien. Küstenwechsel und Inlandsfahrten sind möglich, so gibt es auch eine Direktverbindung Triest–Neapel. Sardinien und Sizilien sind die einzigen italienischen Inseln mit einem Zugnetz.
Auch nachts kommt man auf Gleisen durch das Land: Abends steigt man in Rom, Neapel oder Mailand in den Intercity Notte und wacht am Morgen auf Sizilien oder in Apulien auf.

ZÜGE

Die Trenitalia-Züge sind seit 2000 in Staatsbesitz. Neben den Intercity- und Regional-Zügen rasen die Hochgeschwindigkeitszüge Le Frecce („die Pfeile") mit bis zu 300 km/h durch das Land. Außerdem verbindet das private Unternehmen NTV die Großstädte mit ihren dunkelroten Schnellzügen. Auf langen Fahrten hängen sie sogar Kinowaggons an.
In den Nachtzügen Intercity Notte (ICN) hat man die Wahl zwischen Schlafwagen mit ein bis drei Betten (Deluxe-Version mit eigener Dusche/Toilette), Liegewagen für vier Personen oder einem Platz im Sitzwagenabteil.

PREISE UND FAHRKARTEN

Bei früher Buchung bekommt man ein DB-Ticket nach Italien für 20 € und ein Nightjet-Ticket ab 30 €. Eine Fahrt innerhalb Italiens mit dem Intercity Notte gibt es ab 40 €. Kinder unter 15 Jahren reisen in allen Zügen außer den Nachtzügen mit dem Bimbi-Gratis-Angebot in Begleitung kostenfrei.

Tickets für Fahrten von Deutschland nach Italien bucht man auf bahn.de, grenzüberschreitende Nachtfahrten mit dem Nightjet auf nightjet.com. Reist man innerhalb Italiens, bekommt man die Tickets für Trenitalia (inkl. dem Intercity Notte) auf der teilweise auf Deutsch übersetzten Website trenitalia.com, ausgewählte Verbindungen auch auf international-bahn.de und NTV-Tickets auf der englischsprachigen Website italotreno.it.

ANREISE

Von **München** geht es Tag und Nacht nach Italien. Bei Tageslicht fährt man über den Brennerpass nach Südtirol und weiter nach Verona (5:30 Stunden), Bologna (6:45 Stunden) oder im Sommer nach Rimini (8 Stunden). Einmal umsteigen und man ist in Florenz oder Rom. Der Nightjet fährt über Nacht in 9 Stunden nach Venedig, in 12:45 Stunden nach Mailand, in 10 Stunden nach Florenz und in 13:45 Stunden nach Rom.

Der ÖBB-Nightjet verbindet **Wien** über Nacht mit Rom (13:45 Stunden), Mailand und Venedig in je 12:45 Stunden und im Sommer mit Livorno (12:45 Stunden) inklusive Zwischenstopps in Florenz und Verona. Tagsüber gibt es Direktverbindungen von Wien nach Triest (9 Stunden), außerdem nach Venedig von Wien (7:45 Stunden) und Innsbruck (5 Stunden) und im Sommer nach Rimini.

Verona

Von **Zürich** fährt man täglich durch die Schweizer Alpen, vorbei am Comersee über Mailand (3,5 Stunden) in insgesamt etwa 6 Stunden bis nach Verona, Venedig, Genua oder Bologna.

BAHNLEKTÜRE

Italien in vollen Zügen, Tim Parks
Der Zug nach Mailand,
Lisa St. Aubin de Téran

Innsbruck–Florenz

Von den Alpen in die Toskana

Von Mela Hipp, individualicious.com

Es sind gerade einmal vierzig Minuten Fahrtzeit, die Innsbruck von der Grenze zu Italien trennen. Doch diese vierzig Minuten reichen aus, um in eine völlig andere Landschaft einzutauchen. Es beginnt bereits am Brennerpass, auf 1370 Metern Höhe. Italienischen Charme sucht man im kleinen Ort kurz nach der italienischen Grenze allerdings vergeblich, hier findet man nur ein fehlplatziert wirkendes, aber gut besuchtes Shopping-Outlet, alte, halb verfallene Häuser und die ersten italienischen Cafés.

Seit ihrem Studienaufenthalt in Siena hat Mela ihr Herz an Italien verloren. So oft wie möglich kehrt sie seither zurück – wie gut, dass sie es von ihrer Heimat Tirol nur wenige Kilometer in den Süden hat.

Und doch ist die Fahrt über den Brenner immer wieder mit einem besonderen Gefühl verbunden. Es ist die Mischung aus Vorfreude über die Reise in den Süden sowie den ersten italienischen Klängen von telefonierenden Mitreisenden und italienischen Grenzbeamten, die die Zugabteile auf illegale Grenzübertreter kontrollieren.

Wenn der Zug schlussendlich wieder Fahrt aufnimmt und immer weiter in Richtung Süden rollt, kann ich meine Vorfreude auf ein paar Tage in Italien kaum noch zurückhalten. In Gedanken bin ich bereits bei Pasta, Aperol Spritz und dem obligatorischen caffè, während an meinem Fenster zunächst das Eisack- und ab Bozen das Etschtal vorbezieht. Die alpine Landschaft haben wir schon längst hinter uns gelassen, die Berge werden sanfter, die Landschaft mediterraner.

Während ich selbst noch einen Bordkaffee genieße, beobachte ich bei jedem Halt das gleiche Spektakel am Bahnsteig: große Wiedersehensfreude, Abschiedsschmerz, fröhlich herumspringende Kinder. Benvenuti in Italia!

Gerade in den Sommermonaten sind die italienischen Städte oft restlos überlaufen. Und auch die brütende Hitze macht das Sightseeing zu einem schweißtreibenden Erlebnis. Lohnenswerter ist ein Besuch im Frühjahr oder Herbst. Meist ist es auch dann warm genug, um im Freien in der Sonne zu sitzen und bei weniger Getümmel durch die Straßen zu bummeln. Selbst im Winter ist eine Reise in den Süden eine gute Idee – spielt sich in Italien das Leben doch generell auf der Straße ab. So lässt es sich selbst in der kalten Jahreszeit mit einem caffè in der Wintersonne sitzen und das Treiben auf der Piazza beobachten.

STATIONEN

Südtirols Landeshauptstadt **Bozen** (Bolzano) ist einen ausgiebigen Stadtbummel wert. Umrahmt von hügeligen Weinbergen versprüht Bozen einen Mix aus alpin-mediterranem Flair. Charakteristisch sind die Laubengänge in der Altstadt; mit einer bunten Mischung an traditionellen Läden, modernen Boutiquen und zahlreichen Cafés ist die Fußgängerzone bei Einheimischen und Touristen gleichermaßen zum Bummeln und Shoppen beliebt.

Alte Stuckdecken und historische Fresken kennzeichnen die modernen Zimmer im zentral gelegenen Goldenstern Townhouse. Im denkmalgeschützten Laubenhaus befinden sich voll ausgestattete Appartments mitten in der Altstadt. Eine gute Adresse zum Essen ist das Wirtshaus Löwengrube.

Egal ob klassische Oper oder modernes Popkonzert – eine Vorstellung in der historischen Arena von Verona sollte man sich im Sommer keinesfalls entgehen lassen. Die Kulisse ist spektakulär! Doch auch darüber hinaus hat **Verona** so einige schöne Ecken zu bieten. Berühmt – und entsprechend gut besucht – ist etwa die Casa di Giulietta mit dem weltbekannten Balkon von Romeo und Julia. Den besten Blick über die Stadt genießt man vom Castel San Pietro.

Florenz

Am Bahnhof in Florenz

Im historischen Zentrum finden sich viele kleine Hotels und Bed & Breakfasts zu einem fairen Preis, so etwa die Residenza Bonifacio. Etwas exklusiver, mit Dachterrasse samt Whirlpool, ist das Hotel Milano & Spa. Bei einem Stadtbummel durch Verona stolpert man sprichwörtlich von einem Restaurant ins nächste. In einem der Restaurants an der Piazza delle Erbe lässt sich das bunte Treiben bei Pizza oder Pasta besonders gut beobachten.

Schon die österreichische Band Wanda hat mit „Bologna“ die Stadt und die Liebe besungen. Kein Wunder, denn die Hauptstadt der Emilia-Romagna hat einiges zu bieten. **Bologna** ist reich an Geschichte und an kulinarischen Besonderheiten, die sich bei einem Spaziergang durch die Altstadt entdecken lassen. Neben den zwei Türmen sind es vor allem die 38 Kilometer langen Arkadengänge, die charakteristisch für die Stadt sind.

Vollausgestattete Appartments und davon jedes in einem anderen Stil bieten die L'8 Boutique Design Apartments mitten im Zentrum. Nur wenige Gehminuten von den Due Torri entfernt liegt das geschmackvolle B&B Il Viaggio. Balsamicoessig, Parmaschinken, Parmesan, Mortadella und mehr – die Emilia-Romagna ist Herkunftsregion für einige der berühmtesten italienischen Spezialitäten, entsprechend groß ist das kulinarische Angebot in Bologna. Von der einfachen Osteria bis zum gehobenen Ristorante kann man hier nur wenig verkehrt machen.

Kathedrale Santa Maria del Fiore, Uffizien, Ponte Vecchio – die toskanische Hauptstadt **Florenz** beherbergt mit zahlreichen Bauwerken aus dem 15. und 16. Jahrhundert eine Fülle an imposanten Sehenswürdigkeiten.
Gerade einmal drei Zimmer im Vintage-Stil, die jedoch in bester Lage, bietet das kleine B&B le tre stanze.

Besonders stilvoll ist das Hotel Calimala samt Rooftop-Restaurant. Vor allem im Stadtteil Oltrarno finden sich viele vielversprechende Restaurants, wie das 5ecinque, die Trattoria Angiolino oder das Il Santo Bevitore. Von früh bis spät ist das La Ménagère in der Nähe der Piazza di San Lorenzo ein ausgefallener Tipp, authentisch trotz Lage inmitten des touristischen Trubels ist die Trattoria San Lorenzo.

UND WEITER

Etwa neun Kilometer nordöstlich von Florenz liegt das kleine Städtchen **Fiesole.** Gerade mal zwanzig Minuten dauert die Busfahrt von der Innenstadt aus, schon die Fahrt über die zypressengesäumte Straße ist ein landschaftliches Highlight. Sehenswürdigkeiten aus Zeiten der Etrusker und Römer machen Fiesole zu einem beliebten Ausflugsziel, lohnenswert ist aber vor allem auch der Ausblick auf Florenz. In kleinen Boutiquen und Restaurants lässt sich der Tagesausflug bei einem Shoppingbummel und Abendessen abschließen, bevor es mit dem Bus zurück ins trubelige Florenz geht.

Mit dem Zug geht es von Florenz in die „La più bella città della Toscana". Die Rede ist von **Siena**, 1:30 Stunden südlich von Florenz gelegen. Nicht zu Unrecht sagt man der Kleinstadt nach, die vielleicht schönste Stadt Italiens zu sein. Weltberühmt ist die zentrale Piazza Il Campo, wo zweimal im Jahr das bekannte Pferderennen „Il Palio" ausgetragen wird. So lohnt es sich, gar eine Nacht in Siena zu bleiben und die Stadt in Ruhe zu erkunden. Nur wenige Gehminuten vom Busbahnhof und direkt am Eingang zur Altstadt liegt das charmante B&B Paradiso n.4 und auch das B&B Il Corso besticht durch moderne Zimmer und zentraler Lage. Ein caffè oder aperitivo am Balkon des Key Largo ist ein Muss in Siena. Nirgendwo sonst lässt sich besser das Treiben am Piazza Il Campo beobachten. In der Caffetteria Diacceto mischt man sich zum typischen Aperitivo unter die Einheimischen und in der Taverna di Cecco gibt's die vielleicht besten Pici al Ragù di Cinghiale (Pasta mit Wildschweinragout).

Fiesole

LONDON
AMSTERDAM
DOVER
CALAIS
BELGIEN
BRÜSSEL
LILLE
KÖLN
CHERBOURG
ROSCOFF
BREST
QUIMPER
ROUEN
FRANKFUR
REIMS
LUXEMBURG
PARIS
MANNHEIM
LE MANS
NANTES
ORLÉANS
STRASSBURG
TOURS
FRANKREICH
LA ROCHELLE
DIJON
BASEL
SCHWEIZ
LIMOGES
GENF
BORDEAUX
LYON
BRIANÇON
BAYONNE
VALENCE
ITALIEN
HENDAYE
ALBI
TOULOUSE
MONTPELLIER
CARCASSONNE
NIZZA
MONACO
MARSEILLE
CANNES
ANDORRA
LATOUR-DE-CAROL
PORTBOU
TOULON
SPANIEN
BASTI
CORTE
BARCELONA
KORSIKA
(F)
AJACCIO
VALENCIA
SARDINIEN
(I)

Frankreich
und Monaco

Von Paris dauert es nicht mehr als vier Stunden zum Atlantik, in die Pyrenäen, zum Mittelmeer oder in die französischen Alpen. Mit bis zu 320 km/h rast man durch Frankreich.

Fakten

Im Westen der Atlantik, im Osten die Alpen und das Juragebirge, im Süden das Mittelmeer und die Pyrenäen. Paris ist Hauptstadt und Abfahrts- und Ankunftsbahnhof der meisten Züge, dafür sind sechs Kopfbahnhöfe über die Stadt verteilt. Französisch ist die offizielle Sprache, je nach Gebiet mit Einflüssen der Nachbarländer, und Euro die Währung.

Monaco ist das zweitkleinste Land der Welt und entfaltet seine 200 Hektar in allerfeinster Lage am Mittelmeer und in den Seealpen östlich von Nizza, wo das Fürstentum seine Casinos und Yachthäfen zur Schau stellt. Man zahlt in Euro, Amtssprache ist Französisch, gesprochen wird auch Monegassisch.

LIEBLINGSSTRECKEN

Marseille–Monaco (3:30 Stunden, ab 40 €)
Rechts das Mittelmeer im Fenster, links Klippen und Küstenorte – diese Strecke entlang der Côte d'Azur ist die ideale Sommerzugstrecke. Zwischendurch zweigt der Weg in die Seealpen ab und schlängelt sich nach einem Umstieg in Cannes am Meer entlang durch Nizza bis zum unterirdischen Bahnhof Monaco–Monte Carlo. Von dort kann man weiter ins italienische Ventimiglia oder bis nach Mailand fahren. Möchte man einen Tag lang in TER-Züge ein- und aussteigen, wo es gefällt, lohnen sich die Tageskarten: der Pass Isabelle Famille für Familien (zwei Erwachsene, zwei Kinder unter 16 Jahren, 35 €) innerhalb des Département Alpes-Maritimes oder der Tagespass ab 16/32 € pro Person für ein oder zwei Départements in der Provence-Alpes-Côte d'Azur-Region plus 10 € für eine Begleitperson.

Latour-de-Carol–Villefranche-Vernet les Bains
(3:15 Stunden, 22 €)
Man kann natürlich schnell durch den Perthustunnel von Frankreich nach Spanien rauschen – oder den langsamen, schönen Weg mit dem Petit Train Jaune durch die Pyrenäen wählen. Die gelbe Schmalspurbahn legt nahe der spanischen Grenze 63 Kilometer zurück. Wem die herrlichen Ausblicke auf das Pyrenäenmassiv oder in das Tal des Têt nicht genügen, sollte die 20 Zwischenhalte nutzen, um in kleinen Bergdörfern oder an Wanderstartpunkten auszusteigen.

STRECKENNETZ

Die meisten Linien führen sternförmig aus allen Ecken des Landes von und nach Paris – hinzu kommen jene, die das Mittelmeer mit der Rheinebene und mit der Atlantikküste verbinden. Weitreichend ist das normale Streckennetz, berühmt das Hochgeschwindigkeitsnetz des TGV (Train à grande vitesse), das durch Frankreich und in die Nachbarländer führt. Blitzschnell erreicht man damit Deutschland, Italien, Spanien, Belgien und Luxemburg. Mit dem Eurostar kommt man auch ganzjährig von Paris, im Sommer von der Provence und im Winter von den französischen Alpen aus nach London und zurück. Eine Alternative zum Eurostar ist die Fährverbindung von Calais nach Dover, weitere Fährstrecken über den Ärmelkanal verbinden die französische Nordwestküste mit Irland, Wales und England.

Das französische Nachtzugnetz wird wieder aktiviert: Neu geht es von Paris nach Nizza, ins Pyrenäenvorland nach Tarbes und im Sommer voraussichtlich nach Pau und an die baskische Küste. Außerdem kommt man über Nacht nach Toulouse, Rodez, Portbou und Latour-de-Carol. In andere Länder kommt man mit dem Thello-Nachtzug von Paris nach Venedig oder mit der russischen Eisenbahn von Paris oder Nizza nach Moskau. Der Nachtzug „Südexpress“ fährt von Hendaye an der spanischen Grenze nach Lissabon. Übrigens: Auch auf Korsika gibt es eine malerische Zugstrecke von Bastia über Corte nach Ajaccio in dreieinhalb Stunden.

ZÜGE

Die SNCF (Société nationale des chemins de fer français) schickt täglich ihre TGV Inoui und ICE-Züge ins Rennen. Reservierungen sind erforderlich, natürlich gibt es WLAN,

Steckdosen und Essen an Bord. Der türkisfarbene TGV Quigo ist sozusagen der Billigflieger des französischen Eisenbahnnetzes, der manchmal außerhalb des Zentrums abfährt und in dem es ein bisschen enger ist und nur eine Klasse gibt – dafür ist er deutlich günstiger.
Zwischen Frankreich und Spanien fahren klimatisierte und ebenso flinke TGV Duplex und spanische AVEs, zwischen Belgien, den Niederlanden und Deutschland die Thalys-Schnellzüge.
Die Schnellzüge Intercités decken Tag und Nacht das normale (nicht TGV-) Streckennetz von Frankreich ab, in ihren Nachtzügen gibt es Frauenabteile (Espace Dame Seule) und 4er- oder 6er-Bettabteile in der 1. und 2. Klasse.
TER sind Regionalzüge, die keine Reservierungen benötigen und in denen die Außenwelt ein wenig langsamer vorbeihuscht.
Auf Korsika kümmert sich die CFC (Chemins de fer de la Corse) um das eingleisige Streckennetz von 231 Kilometern.

PREISE UND FAHRKARTEN

Ab 30 € kommt man von Deutschland nach Frankreich, egal ob mit dem Thalys, dem TGV Inoui oder dem ICE. Sparpreise sind vier bis sechs Monate im Voraus buchbar. Im Quigo muss man Aufpreise für Steckdosen und Ruhezonen zahlen, dafür zahlt man von Paris nach Marseille manchmal nur 10 € und mit dem TGV Inoui mindestens 50 €. Mit dem Thello beginnen die Ticketpreise von Paris nach Mailand im 6er-Liegewagenabteil bei 30 €, mit dem Eurostar von Paris nach London ab 57 €.

Fahrkarten findet man auf oui.sncf, dort kann man im Preiskalender nach den günstigsten Angeboten suchen.

Sparpreise sind bis zu sechs Monate im Voraus buchbar. Tageskarten für die Côte d'Azur gibt es auf ter.sncf.com. Tickets für Thellos Frankreich-Italien-Verbindungen auf thello.com. Infos über Fahrten auf Korsika erhält man auf cf-corse.corsica, Fahrkarten am Schalter.

ANREISE

Nach Paris mit TGV Inoui oder ICE mehrmals täglich von **Frankfurt (Main)**, **Stuttgart** in je 4 Stunden, **Saarbrücken** (2 Stunden), **Karlsruhe** (3 Stunden), **Mannheim** (3:15 Stunden) und **München** (5:45 tagsüber/9:45 Stunden nachts). Von **Berlin** kommt man stilvoll mit dem Nachtzug Paris-Moskau (13 Stunden, siehe Seite 65), schneller geht es tagsüber mit Umstieg in einen der oben genannten Bahnhöfe mit Direktverbindung (ab 8 Stunden). Der Gare de l'Est ist oft der Pariser Zielbahnhof, wenn man von Deutschland reist. Von **Frankfurt (Main)** kommt man auch direkt nach Marseille (7:45 Stunden).

Von **Wien** mit dem Nachtzug in 12 Stunden nach Paris. Der Moskau-Nizza-Express hält auch freitagabends in Wien, bevor es nach Frankreich geht.

Den Gare de Lyon in Paris erreicht man von **Zürich** in 4 Stunden und von **Basel** in 3 Stunden. Im Juli und August gibt es Direktverbindungen von **Genf** nach Marseille (4 Stunden).

BAHNLEKTÜRE

Das Buch von der Riviera,
Erika und Klaus Mann

Café in Paris

Berlin–Quimper

Ans Ende der Welt

Von Sarah Emminghaus, Freie Journalistin

Aus meinem Wohnzimmerfenster sehe ich den Fernsehturm. Ich habe viel zu tun, Stress bestimmt meinen Alltag. Das hat ein Ende – ich mache mich auf die zweitägige Reise zu meinem Ruhepol in der Bretagne, genauer: in das Département Finistère, was übersetzt „Das Ende der Welt" bedeutet. Wo der Himmel nah ist und die Küsten stürmisch sind.

Die Reise beginnt gewöhnlich: Mit dem ICE geht es nach Köln. Die Mitte Deutschlands mit ihren Wiesen und Feldern zieht fast unbemerkt an mir vorbei. Der Aufenthalt in Köln ist emotionales Niemandsland. Eine Zwischenübernachtung, die nicht von mir verlangt, irgendetwas in der Stadt zu unternehmen. Der Abend mit Pizza und Netflix in meinem Hotel direkt am Bahnhof fühlt sich an wie sturmfrei, wie eine Pause vom Leben.

Im Thalys-Schnellzug über Brüssel nach Paris spüre ich am nächsten Tag erstmals physisch, wie Berlin mir entgleitet. Wie ich mich entferne. Französische Züge sind angenehmer als deutsche: ruhig, sehr höfliches Personal. Vielleicht ist es aber auch die Sprache, die alles etwas edler wirken lässt. Der Himmel auf dem Weg von Köln nach Paris ist immer noch so weit weg wie gewohnt. Ich bin noch nicht weit genug im Westen.

Ausstieg am Gare du Nord. Die Hektik hätte verstörend auf mich wirken können, hätte ich mich direkt auf die ruhige Bretagne eingestellt. Aber ich freue mich über Paris: überteuert und voll, aber zauberhaft. Die Metro bringt mich zum Bahnhof Montparnasse, wo ich mich mit einem Café au Lait auf eine Bank setze und gestresste, freudig erregte und leer dreinblickende Reisende beobachte. Im TGV von Montparnasse nach Quimper wird das Klima rauer. Das Meer naht. Ich spüre, dass ich Berlin weit hinter mir gelassen habe. Und es ist hell, auch wenn Wind und Wolken den Himmel bedecken mögen: Die Bretagne ist so viel westlicher als Berlin gelegen, dass die Sonne hier mehr als eine Stunde später untergeht. Der Himmel kommt endlich zu mir.

STRECKENINFOS

Mit dem Zug aus Deutschland in die Bretagne geht es in der Regel über Paris (S. 148, Frankreich). Die Fahrt dauert je nach Abfahrtsort maximal vier Stunden. Einen großen Unterschied gibt es zwischen den Schnellzügen nicht – WLAN wird zumindest in den französischen TGV und Thalys auf allen Strecken versprochen. Von Paris weiter in die Bretagne dauert es knapp vier Stunden mit dem TGV.
Für die Strecke von Köln in die Bretagne sollte man dann mit einem Preis ab etwa 70 € pro Strecke rechnen.
Tickets können über bahn.de gebucht werden – einfacher fand ich es angesichts meiner Zwischenübernachtung in Köln und der Buchung französischer Züge jedoch, meine Tickets am Schalter zu besorgen.

Sarah Emminghaus wurde 1992 im Saarland geboren und hat dadurch natürlich eine Vorliebe für Frankreich. Sie lebt als freie Journalistin in Berlin.

In der Bretagne leben etwa vier Millionen Menschen und sie hat etwa 2700 Kilometer Küste; viel Platz für ausgedehnte Wanderungen. Die Region besteht aus vier Départements: dem Finistère, Côtes-d'Armor, Ille-et-Vilaine und Morbihan.

STATIONEN

Perfekt für eine entspannte Zwischenübernachtung in **Köln** war das Buchholz Downtown Hotel nahe dem Hauptbahnhof: netter Service, gemütliches Zimmer, schönes Frühstück in einem Essensraum im Landhotel-Stil.

Bei dem Stopp in **Paris** bietet es sich an, ein paar Stunden in der Stadt zu verweilen. Auf dem Weg vom Gare du Nord nach Montparnasse liegt der traumhafte Jardin du Luxembourg. Wer Lust auf noch mehr Touri-Programm hat, kann einen Abstecher auf die Île de la Cité machen. Überall findet sich ein Platz, an dem man einen Café au Lait trinken und Leute beobachten kann – besonders reizvoll angesichts des Kontrasts, der in der ruhigen und meist verlassen wirkenden Bretagne wartet.
Das Ende der Zugreise bedeutet auch das Ende der Welt – wenn man den Namen der Region Finistère, in der sich **Quimper** befindet, wörtlich nimmt.

UND WEITER

Das Finistère ist das westlichste französische Département, zumindest auf dem Festland. Hierzulande erfuhr die Region in den vergangenen Jahren durch den deutschen Krimiautor mit dem Pseudonym Jean-Luc Bannalec Aufschwung. Von der Bretagne wurde er vor einigen Jahren gar als Mäzen, also als Unterstützer, ausgezeichnet.
Ich mag das Finistère von den Küstenregionen der Bretagne am liebsten – vielleicht auch wegen der verträumt-magischen Atmosphäre, die mit dem Namen zusammenhängt. Gefühlt hängt der Himmel dort besonders tief, ist das Meer außerordentlich weit, schmecken die Muscheln besonders gut.
Schön anzusehen ist der Pointe du Raz, eine Landspitze mit zerklüfteten Felsen und wundervollem Blick auf kleine Inseln und den Leuchtturm Ar Men. Sehenswert sind eigentlich alle kleinen Dörfer, besonders bekannt ist das Künstlerdorf Pont-Aven, wo schon Paul Gauguin Ende des 19. Jahrhunderts seine Heimat gefunden hat – wie inzwischen viele Maler.

Quimper

Küstenspaziergänge in der Bretagne haben die wundersame Eigenschaft, einerseits rau und anstrengend und andererseits idyllisch und befreiend zu sein. Festes Schuhwerk und ein dicker Schal oder ein Poncho sind unerlässlich, um den Wind dann aber auch fast als angenehm zu empfinden.

So umweltfreundlich die Anreise mit dem Zug war, so nötig ist leider **ein Auto in der Bretagne**, allein schon, um zu den oft sehr abgelegenen Ferienhäusern zu gelangen. Vor Ort gibt es auch Busse und die Möglichkeit, die Gegend mit dem Fahrrad zu erkunden. Verwunschene und sehr gepflegte Häuser mit oft schrulligen, aber meist aufmerksamen und netten Besitzern finden sich über Gîtes de France.

Als ich vor mehreren Jahren in einem kleinen bretonischen Dorf ein **vegetarisches Essen** erbat, wurden mir gekochte Kartoffeln und Karotten serviert – ohne Gewürze oder Soße. Wenn ich in der Region nach vegetarischen Gerichten fragte, kam zuverlässig erstmal die Frage: Aber Fisch geht doch, oder? Das hat sich inzwischen gebessert: Immer wieder gibt es auch vegetarische Gerichte in Restaurants, auch die größeren Supermärkte haben sich auf Vegetarier eingestellt. Und trotzdem mache ich dort regelmäßig Ausnahmen von meiner vegan-vegetarischen Lebensweise, weil die Muscheln einfach göttlich sind. Moules Frites pur, mit Currysoße, Sahnesoße oder manchmal auch Paprikasoße – das könnte ich jeden Tag essen.

FRANKREICH
BORDEAUX
A CORUÑA
SANTIAGO DE COMPOSTELA
OVIEDO
VIGO
BILBAO
LEÓN
SAN SEBASTIÁN
IRUN
PORTO
HARO
PAMPLONA
TOULOUSE
FUENTES DE ONNORO
VALLADOLID
NARBONNE
SALAMANCA
SPANIEN
PERPIGNAN
PORTUGAL
SARAGOSSA
PORTBO
LLEIDA
MADRID
BARCELONA
MÉRIDA
ALCÁZAR
VALENCIA
ALBACETE
MALLORCA
SEVILLA
CÓRDOBA
HUELVA
ALICANTE
CÁDIZ
RONDA
MÁLAGA
TARIFA
ALMERÍA
ALGECIRAS
CEUTA
TANGER
MELILLA
MOSTAGANEM
MAROKKO
ALGERIEN

Spanien

Von den Pyrenäen bis nach Andalusien, vom Atlantik bis zum Mittelmeer und dazwischen Wüste, Berge und weiße spanische Dörfer – man muss nur schnell gucken, um alles zu sehen, wenn man mit dem AVE-Hochgeschwindigkeitszug unterwegs ist. Dafür bleibt mehr Zeit zum Baden, Essen, Wandern und Verweilen.

Fakten

Das spanische Königreich nimmt den meisten Platz auf der iberischen Halbinsel ein, eingerahmt von den Pyrenäen, der Grenze zu Portugal, der Straße von Gibraltar und dem Mittelmeer. Die Luftlinie von Galizien bis in den Süden nach Andalusien beträgt 860 Kilometer und in den Osten zur Costa Brava 1000 Kilometer. Im Süden Spaniens befindet sich das britische Gibraltar und von Tarifa fahren Fähren nach Marokko.

Je weiter nach Süden man reist, desto wichtiger nimmt man die Siesta, desto später isst man, desto mehr werden die Enden der spanischen Wörter verschluckt. Neben der Amtsprache Spanisch (auch Kastilisch genannt) wird in den jeweiligen Regionen Katalanisch, Galicisch und Baskisch gesprochen. Gezahlt wird mit Euro.

LIEBLINGSSTRECKEN

Barcelona–Bilbao (6:30 Stunden, 33,40 €)
Zwischen Mittelmeer und Atlantik liegen die verschiedensten Landschaften Spaniens auf dieser Strecke: die Halbwüstenlandschaft Bardenas Reales, der Fluss Ebro, das Weinanbaugebiet La Rioja und die Gebirgsausläufer der Pyrenäen. In Castejon de Ebro fährt ein Teil des Zuges nach Pamplona (wo schon Hemingway dem Stierkampf zusah), der andere über Haro (wo man in Bahnhofsnähe in den Bodegas Wein verkostet) nach Bilbao (wo sich das großartige Guggenheim befindet).

Córdoba–Ronda (2 Stunden, 34 €)
Nachdem man die Mezquita in Córdoba besichtigt hat, möchte man noch mehr von Andalusien sehen. Für eine Fahrt durch die Berge, die mit den typisch andalusischen, weißen Dörfern gespickt sind, bietet sich der Zug in die Berg- und Künstlerstadt Ronda an. Schon Rainer Maria Rilke, Ernest Hemingway, James Joyce und Max Frisch schrieben über Ronda, die tiefe Schlucht und die Stierkampfarena. Zur Straße von Gibraltar ist es auch nicht weit: Der Intercity braucht weitere 1:45 Stunden nach Algeciras, eine schöne Strecke entlang des Guadiaro-Flusses am Rande der Sierra de Grazalema und des Naturparks Los Alcornocales.

STRECKENNETZ

Madrid ist der Mittelpunkt eines beeindruckenden Hochgeschwindigkeitsnetzes (AVE), das in alle Himmelsrichtungen führt – in maximal 2:30 Stunden ist man von der Hauptstadt in Sevilla, Màlaga, Alicante, Valencia, Barcelona, Saragossa, León und nun auch in Ourense in Galizien. Das iberische Breitspurnetz deckt Spanien ebenso vom Baskenland bis nach Andalusien mit Schnell- und Regionalzügen ab. Nachtzüge heißen Trenhotel und und werden hoffentlich wieder von Barcelona und Madrid nach Galizien und über die Ländergrenze hinweg von Madrid und Irun nach Lissabon fahren.

ZÜGE

Avril ist der neue Hochgeschwindigkeitszug von RENFE (Red Nacional de los Ferrocarriles Españoles), der ab Sommer 2022 mit bis zu 330 km/h fährt. Außerdem gibt es die Schnellzüge Avant, Alvia, Euromed, Intercity und Avlo – letzterer ist der lilafarbene schnelle Billigzug, der ohne Speisewagen und nur mit einer Klasse fährt. In den anderen Zügen sollte man reservieren, „preferente“ steht für 1. Klasse (unter der Woche manchmal inklusive Mahlzeit und Wein), „turista“ für 2. Klasse. In den Regionalzügen MD (Media Distancia) muss man nicht reservieren.
Die sogenannten Trenhotels fahren bis zu 220 km/h schnell durch die Nacht und haben Sitzplätze, 1er- und 2er-Bettabteile inklusive Dusche (Gran Classe) oder einem Waschbecken (Preferente) und Liegewagenabteil (Turista). Im Speisewagen gibt's Frühstück, Abendessen und Snacks.

PREISE UND FAHRKARTEN

Zugfahren ist nicht günstig, doch bei früher Buchung gibt es gute Deals mit bis zu 65 % Rabatt für die Schnellzüge, gekennzeichnet beim Ticketkauf als Promo+. Diese lassen sich nur gegen eine Gebühr von 20 % umtauschen. Die Flexible-Tickets lassen sich ändern, sind aber auch teurer: Eine Fahrt von Barcelona nach Madrid mit dem AVE kann 110 € und mit dem Avlo 9 € (2:30 Stunden) kosten, mit dem Regionalexpress 45 € (9 Stunden). Bei Hin- und Rückfahrt (Ida y vuelta) spart man 20 %. Kinder unter 14 reisen für 60 % des Fahrpreises, unter vier Jahren umsonst ohne Sitzplatz. Reist ihr als Gruppe, bucht „Mesa 4“, dann habt ihr vier Plätze an einem gemeinsamen Tisch.

Tickets gibt es auf renfe.com.

ANREISE

Von **Frankfurt (Main)** mit Umstieg in Paris (S. 148, Frankreich) nach Barcelona (7 Stunden) oder nach Irun/Hendaye (4 Stunden). Man kann auch den Petit Train Jaune durch die Pyrenäen (S. 148, Frankreich) in die Reiseroute einflechten.

Von **Österreich** nach **Zürich,** ab da mit Umstieg in **Genf** und Lyon in elf Stunden nach Barcelona. Oder mit dem Nachtzug von **Wien** nach Paris und weiter nach Barcelona.

BAHNLEKTÜRE

Fiesta, Ernest Hemingway
Reisehandbuch Costa Brava und Girona, Nicole Biarnés
Auf der Plaça del Diamant, Mercè Rodoreda

Sant Pol de Mar

Portbou–Barcelona

An der Costa Brava

Von Nicole Biarnés, freibeuter-reisen.org

Es ist schon spät am Nachmittag, als der fast leere Zug aus Frankreich in Portbou einläuft. Nur ein paar Rucksacktouristen und eine ältere Dame steigen aus, sonst ist der Bahnhof menschenleer. Seit die neue Schnellzugstrecke gebaut wurde, hat Portbou seine zentrale Bedeutung als Grenzort verloren. Übriggeblieben ist ein charmantes Flair vom Bahnreisen in früheren Jahrhunderten. Die vielen Gleise wirken heute wie ein zu großer Schuh für das kleine Dorf.

Irgendwann kommt eine kleine Regionalbahn. Nur wenige Fahrgäste steigen aus. Wir steigen ein und fahren los. Der Zug hält praktisch an jeder Milchkanne. In Llançà steigt eine Familie mit zwei Kindern zu. Die Kleinen haben ihre Schwimmreifen noch um. Vermutlich haben sie einen Badetag am Strand verbracht und fahren wieder nach Hause. Langsam lassen wir die letzten Ausläufer der Pyrenäen hinter uns. Die Landschaft wird merklich flacher, sanfter und grüner. Figueres. Das Dalí-Museum ist vom Zug aus nicht zu sehen. Eine lange Autoschlange hat sich vor der Bahnschranke gebildet, die sich mit einem schrillen Klingeln quer über die Fahrbahn senkt, damit wir mitten durch die kleine Stadt fahren können. Mittlerweile ist es auch in unserem Abteil lebendig geworden. Die Geschwister aus Llançà streiten sich um Papas Smartphone und sind quengelig. Der Schaffner geht durch die Reihen und kontrolliert die Fahrkarten. Girona. Für einen Moment ist die mächtige Kathedrale zu sehen, die die Dächer der Altstadt überragt. Draußen vor dem Fenster beginnt der Himmel sich abendlich rosa zu färben. Es folgen kleine Dörfer mit unaussprechlichen Namen. Dann kommt die Burg von Hostalric in Sicht, die einsam oben auf dem Berg liegt. Als wir Barcelona erreichen, ist es dunkel geworden. In Sants spuckt die Bahn uns wieder aus. Die Familie aus Llançà verschwindet zwischen den anderen Reisenden. Wir sind da.

Nicole Biarnés zog vor 20 Jahren von Hamburg nach Katalonien, wo sie als Reisebloggerin, Autorin und Übersetzerin arbeitet. Auf ihrem Blog Freibeuter Reisen berichtet sie seit 2012 über ihre spanische Wahlheimat und von ihren Reisen aus aller Welt.

STRECKENINFOS

Aus Frankreich gibt es Anschlusszüge aus Paris/Montpellier/Narbonne/Perpignan. Auch von Toulouse über Perpignan geht es bis Cerbère. Zu Francos Zeit ging es dort für die Züge nicht weiter, man musste aussteigen, weil das spanische Schienennetz eine andere Spurbreite hat. Lange Zeit war der TALGO der einzige Zug, der seine Spurbreite verstellen konnte. Mit dem Bau der neuen Schnellbahnstrecke des AVE über La Jonquera ist der Zugwechsel in Portbou überflüssig geworden, man kann seitdem von Paris bis Barcelona durchfahren.
Für Strecken von und nach Frankreich ist die Gemeinschaftsseite der spanischen und französischen Bahn ziemlich nützlich: renfe-sncf.com.

Buchen kann man die katalonischen Regionalzüge auf rodalies.gencat.cat.
Im Zweifelsfall gibt es Tickets immer am Bahnhof, entweder am Schalter oder am Automaten. Da die Regionalzüge halbstündlich oder stündlich fahren, ist eine Vorausbuchung nicht unbedingt nötig.
In den kleinen Regionalbahnen gibt es keine Bordrestaurants, also an Proviant denken.
Von Portbou bis nach Barcelona (141 Kilometer, ab 1:45 Stunden) kosten die Regionalzüge MD (Media Distancia) 18,10 €. Regionalzüge R11 sind sogar günstiger als die MD, weil sie öfter anhalten, Tickets können aber nur am Schalter gekauft werden.

STATIONEN

Portbou liegt einsam und beschaulich an der Grenze zu Frankreich. Irgendwie wirkt der ganze Ort, als hätte man ihn vor Jahren vergessen. Das Walter-Benjamin-Memorial erinnert an den deutschen Philosophen, dessen Flucht vor den Nazis hier endete.

Die karge Landschaft des Naturparks Cap de Creus ist die Heimat Salvador Dalís und taucht in fast allen seinen Werken auf. Für eine insgesamt vierstündige Wanderung steigt man in **Llança** aus, läuft zum Kloster Sant Pere de Rodes hinauf und dann herunter nach **Vilajuïga**, wo man köstliche Weine direkt beim Weinbauern probieren kann. Die gut ausgeschilderte Weinroute DO Empordà verbindet die Weingüter miteinander und macht mit dem Rad am meisten Spaß.
doemporda.cat/de/kellereibetriebe

Figueres ist für das Dalí-Museum bekannt, im Urban Coffee Brunch (Carrer Joan Maragall, 11) kann man sich mit veganen Burgern, Poke Bowls, Kuchen oder Müsli mit frischen Früchten stärken und in die sumpfige Landschaft der Aiguamolls wandern (2:30 Stunden bis zum See).
Mit aufwendigen Kameras und teuren Ferngläsern ausgerüstet gehen die Birdwatcher in den Aiguamolls auf die Pirsch.

In den abgelegenen Dörfern der grünen Ebenen liegen viele kleine Biobauernhöfe, auf denen Obst und Käse produziert werden. Besonders für Kinder gibt es dort viel zu sehen! Nur 25 Gehminuten vom Bahnhof **Vilamalla** liegt Peralada Mas Marcè in Siurana.

Die jüdische Altstadt in **Girona** ist so gut erhalten, dass man dort stundenlang wie durch längst vergangene Jahrhunderte spaziert. Nicht umsonst wurden auch Szenen für Game of Thrones hier gedreht.

Hostalric ist nur eine der vielen mittelalterlichen Burgen, die im Hinterland der Costa Brava versteckt liegen. Vom Bahnhof sind es durch das Dorf 15 Minuten Gehweg zur Burg.

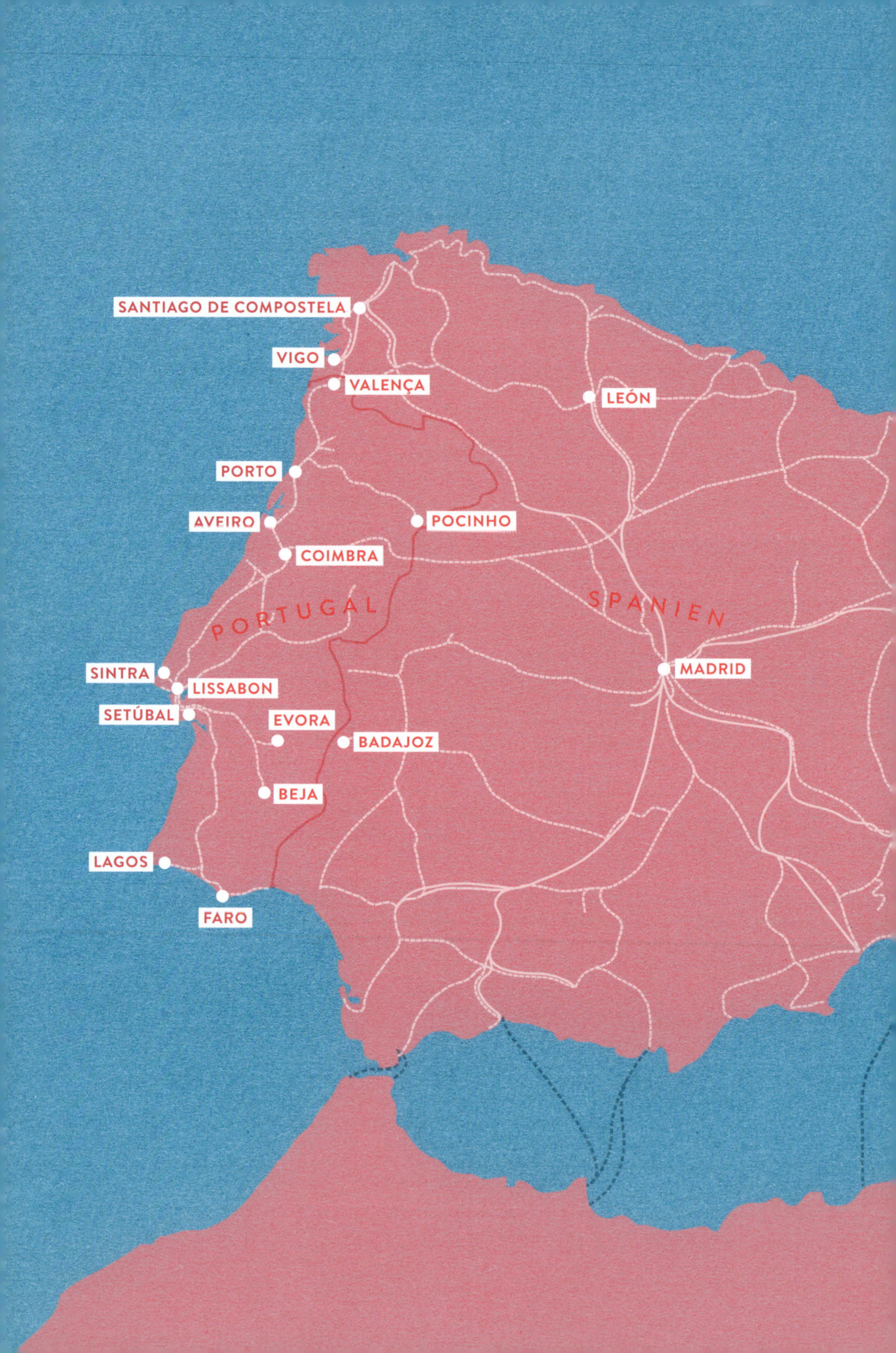
SANTIAGO DE COMPOSTELA
VIGO
VALENÇA
LEÓN
PORTO
AVEIRO
POCINHO
COIMBRA
PORTUGAL
SPANIEN
SINTRA
LISSABON
MADRID
SETÚBAL
EVORA
BADAJOZ
BEJA
LAGOS
FARO

Portugal

Wie wär's, mit dem Nachtzug nach Lissabon zu fahren, um dort Pastéis de Nata zu naschen, Fado zu hören und sich in Fliesenmuster zu vergucken? Portugal scheint mit dem Zug weit weg, erfordert jedoch nur zweimal Umsteigen.

Fakten

Portugals Atlantikküste erstreckt sich auf 850 Kilometern – weite Strände, kleine Buchten und Klippen findet man an der beliebten Algarve, aber auch in der Alentejo-Region und zwischen Lissabon (Lisboa) und Porto (Oporto). Das Hinterland ist ist viel dünner besiedelt als die Küstengegend. In Porto verkostet man den Portwein auf der Südseite des Douro-Flusses, in Lissabon erklimmt man die sieben Hügel der Stadt auf der Nordseite des Tejo. Man spricht Portugiesisch und zahlt in Euro. Portugal liegt eine Stunde hinter Spanien.

LIEBLINGSSTRECKEN

Porto–Pocinho (3:15 Stunden, ab 13 €)
Es lohnt sich, weg von der Küste und hinein ins wunderschöne Douro-Tal zu fahren, wo die Trauben des Portweins angebaut werden. Die Linha do Douro schlängelt sich ab Mosteiro entlang des Douro-Flusses und durch steile Weinberge. Das Tal gehört zum UNESCO Weltkulturerbe. Beim Zwischenstop Pinhão könnt ihr Portwein verkosten in einem der Quintas, eine Bootsfahrt machen, durch die Rebterrassen wandern oder einfache eine Weile bleiben.

Lissabon–Setúbal (1 Stunde, 4,55 €)
Nur eine Stunde entfernt ist das beliebte Ausflugsziel der Lissabonner: die Hafenstadt Setúbal. Die einzige Zugstrecke der privaten Bahngesellschaft Fertagus hält an vier Bahnhöfen in der Hauptstadt (Roma-Areeiro, Entrecampos, Sete Rios, Campolide), bevor sie den Targus-Fluss auf der Ponte 25 de Abril überquert – inklusive schöner Ausblicke auf die Stadt und die Cristo-Rei-Statue. Setúbal befindet sich zwischen zwei weiteren Ausflugszielen: Im Osten das Reserva Natural do Estuário do Sado, wo sich Süßwasserdelfine und Flamingos tummeln, und im Westen der Parque Natural da Arrábida mit seinen Sandstränden und Wanderwegen durch Kiefernwälder. Ein weitere Tagesausflugsidee ist Sintra, nur 40 Minuten mit dem Zug von Lissabon entfernt.

STRECKENNETZ

Eine Hochgeschwindigkeitsstrecke verbindet Lissabon in je drei Stunden mit Porto und Faro. Von dieser Nord-Süd-Linie in Westportugal zweigen weitere Strecken ins Hinterland ab, wie durch das Douro-Tal, zum Parque Natural da Serra da Estrela oder entlang der Algarve-Küste. Es gibt Verbindungen nach Spanien (Badajoz, Vigo und Nachtzug Lusitânia nach Madrid) und nach Frankreich (Sud Expresso nach Hendaye an der Grenze mit Anschluss an den TGV-Atlantique).

ZÜGE

Für den Hochgeschwindigkeitszug Alfa Pendular (AP) und den Intercidades (IC) der Staatlichen Comboios de Portugal braucht man eine Reservierung, an Bord gibt es einen Speisewagen. In den Regionalzügen gibt es weder Reservierungspflicht noch Verpflegung, InterRegionalzüge (IR) halten an einigen Bahnhöfen, Regionalzüge an allen.

Lissabon

PREISE UND FAHRKARTEN

Von Lissabon nach Porto ist der Standardpreis in der 1. Klasse (Conforto) 44 €, in der 2. Klasse (Turística) 31 €, mit den Hochgeschwindigkeitszügen 73 beziehungsweise 51 €. Bucht man früh, kann man den 10 €-Sparpreis für diese Strecke ergattern. Kinder und Rentner zahlen den halben Preis.
Mit dem Lusitânia-Nachtzug ist man im Sitzplatz-/Liegewagenabteil ab 25/35 €, mit dem Sud Expresso ab 29/39 € unterwegs.

Tickets gibt es innerhalb Portugals auf cp.pt, für die Ausflugsstrecke Lissabon – Setúbal auf fertagus.pt oder am Schalter. Tickets für die spanischen Nachtzüge Sud Expresso und Lusitânia kauft man auf der spanischen Bahnseite renfe.com.

ANREISE

Auf den Spuren von Pascal Merciers „Nachtzug nach Lissabon" fährt man erst nach **Paris** (S. 148, Frankreich), dann mit dem TGV Atlantique (4 Stunden) oder im Sommer mit dem Paris-Lourdes-Nachtzug nach Irun/Hendaye, von wo der Nachtzug Sud Expresso in 13 Stunden nach Lissabon fährt. Zweite Option: Von Paris oder **Marseille** (S. 148, Frankreich) mit Umstieg in Barcelona nach **Madrid** (S. 154, Spanien), wo der Nachtzug Lusitânia 9:45 Stunden später in der portugiesischen Hauptstadt ankommt. Ist Porto das Ziel, steigt man in Coimbra um.
Möchte man davor durch das Baskenland reisen, erreicht man Porto auch mit den Celta-Zügen von Vigo.

BAHNLEKTÜRE

Nachtzug nach Lissabon, Pascal Mercier

Porto

In den Westen

Hamburg
Amsterdam
NIEDERLANDE
Berlin
Brüssel
Köln
BELGIEN
LUXEMBURG
Luxemburg
Frankfurt

GROSSBRITANNIEN
LONDON
DOVER
CALAIS
MIDDELKERKE
OSTENDE
BRÜGGE
GENT
LILLE
PARIS
FRANKREICH
ANTWERPEN
BRÜSSEL
BELGIEN
NAMUR
LIÉGE
LUXEMBURG
LUXEMBURG
ROTTERDAM
DEN HAAG
AMSTERDAM
NIEDERLANDE
ARNHEM
GRONINGEN
BREMEN
DÜSSELDORF
KÖLN
DEUTSCHLAN
FRANKFURT
(MAIN)

Belgien, Niederlande und Luxemburg

Die Gleise der Benelux-Staaten nutzt man gern, um weiter nach Frankreich und Großbritannien zu kommen. Vor Ort ist's aber auch schön mit der langen Nordseeküste, den Grachten und architektonisch zauberhaften Städten.

Fakten

Seit den 1950er Jahren arbeiten Belgien, die Niederlande und Luxemburg als Benelux-Union politisch und wirtschaftlich eng zusammen. Reist man durch diese Länder, kann man dank der flachen Landschaften scheinbar ins Endlose schauen. In Belgien sind die Amtssprachen Niederländisch, Französisch und Deutsch, in den Niederlanden Niederländisch und Westfriesisch, in Luxemburg Luxemburgisch – aber auch hier versteht man Deutsch und Französisch. Gezahlt wird mit Euro.

LIEBLINGSSTRECKEN

Knokke–De Panne (2:30 Stunden, ab 2 €)
Die Kusttram (Küstenstraßenbahn) befährt eine besonders schöne Strecke, 67 Kilometer entlang der flämischen Nordseeküste, von der niederländischen zur französischen Grenze. Zwischen Ostende und Middelkerke direkt am Meer entlang, sonst durch Badeorte, Hafenstädte und Dünenlandschaften mit insgesamt 67 Haltestellen: dekusttram.be.

Amsterdam–Brüssel–Luxemburg (ab 5:30 Stunden, ab 31,50 €)
Ganz einfach kommt man in den Benelux-Staaten von Hauptstadt zu Hauptstadt. Von Amsterdam bis Brüssel (Bruxelles) sind es zwei Stunden, von Brüssel nach Luxemburg (Luxembourg) knapp über drei Stunden. Und wer noch mehr Großstadtflair möchte, fährt in zwei Stunden weiter nach Paris.

STRECKENNETZ

In Belgien und den Niederlanden ist das Streckennetz sehr dicht, alles liegt eng beieinander und es gibt superschnelle Züge. Dadurch kommt man in Nullkommanichts von einer Stadt in die nächste. Amsterdam ist weniger als eine Stunde von Den Haag und Rotterdam entfernt, pro Stunde fahren bis zu zwölf Züge. Brüssel ist Dreh- und Angelpunkt im westeuropäischen Zugverkehr, über das Schnellstreckennetz erreicht man Deutschland, die Niederlande, Frankreich und Großbritannien. Nur Luxemburg hat ein dünneres und langsameres

Amsterdam

Eisenbahnnetz, dessen fünf Linien von der Hauptstadt abzweigen – eine davon führt in 2:15 Stunden nach Paris, andere nach Köln und Düsseldorf. Ab Frühjahr 2022 verbindet der European Sleeper Brüssel und Amsterdam mit Berlin und Prag in einer Nachtfahrt.

ZÜGE

Thalys-, Eurostar-, TGV- und IC Express-Züge fahren bis zu 300 km/h schnell und verbinden Brüssel, Amsterdam und Luxemburg mit den Nachbarländern.

PREISE UND FAHRKARTEN

In Luxemburg fährt man seit Februar 2020 kostenfrei innerhalb des Landes. In Belgien zahlt man entfernungsabhängig von 2,50 € bis 21 € pro Fahrt. In den Niederlanden kann ein Ticket für eine Strecke und Richtung den ganzen Tag genutzt werden. Mit der DB kommt man ab 20 € von Köln nach Brüssel, Amsterdam und Luxemburg, mit dem Nightjet ab 50 € von Wien nach Brüssel oder nach Amsterdam im Liegewagen.

Fahrkarten kauft man in Belgien auf belgiantrain.be, in den Niederlande auf ns.nl und in Luxemburg auf cfl.lu. Zu den internationalen Buchungsseiten wird man automatisch weitergeleitet. Auf europeansleeper.eu gibt es bald Tickets für ihren ersten Nachtzug.

ANREISE

Es fahren Züge nach Brüssel von **Frankfurt (Main)** (3 Stunden) und **Köln** (1:45 Stunden), nach Amsterdam von **Berlin** (6:30 Stunden), **Frankfurt (Main)** (4 Stunden) und **Köln** (3 Stunden), und nach Luxemburg von **Köln** (3:30 Stunden) und **Düsseldorf** (4 Stunden).

Nightjet-Verbindungen gibt es von **Wien** dreimal die Woche nach Brüssel und täglich nach Amsterdam in je 13:45 Stunden.

Von **Basel** gelangt man nach Amsterdam in 6:45 Stunden, von **Zürich** nach Amsterdam mit dem Nightjet in 11:15 Stunden.

BAHNLEKTÜRE

Wär mein Klavier doch ein Pferd, Doris Hermanns
Ostende, Volker Weidermann

Das Schloss Vianden in Luxemburg

THURSO
WICK
KYLE OF LOCHALSH
INVERNESS
MALLAIG
FORT WILLIAM
OBAN
SCHOTTLAND
ABERDEEN
DUNDEE
ST ANDREWS
GLASGOW
LONDONDERRY
COLERAINE
EDINBURGH
TROON
NORD-IRLAND
STRANRAER
BELFAST
CARLISLE
IRLAND
NEWCASTLE
DUBLIN
HOLYHEAD
LIVERPOOL
HULL
PWLLHELI
MANCHESTER
SHEFFIELD
SHREWSBURY
DERBY
WALES
BIRMINGHAM
ENGLAND
PEMBROKE
NORWICH
CARDIFF
OXFORD
BRISTOL
CAMBRIDGE
HARWICH
ST IVES
PENZANCE
LOOE
LONDON
ROTTER
DOVER
BRIGHTON
CALAIS
BRÜSS

Großbritannien und Nordirland

Die britische Insel eröffnete die erste Bahnstrecke der Welt im Jahr 1825. Solch eine Erfindung verpflichtet, und so bietet Großbritannien nach wie vor ein dichtes Streckennetz und Zugreisen durch Bilderbuchlandschaften und Harry-Potter-Romane.

Von Cindy Ruch und Sandra Wickert

Fakten

Im Vereinigten Königreich findet man die grünen Hügellandschaften von England, die hohen Gebirge (eines davon ist Snowdonia) von Wales, die mystischen Highlands von Schottland und die lange Küste von Nordirland – und natürlich Schafe, Pubs und Linksverkehr. Jede der Hauptstädte, sei es London, Cardiff, Edinburgh oder Belfast, erzählt ihre eigene Geschichte von Königshäusern, Religionen, Burgruinen und den Zeiten der Industrialisierung und ist einige Besuchstage wert. Großbritannien und Nordirland sind seit 2020 nicht mehr Teil der Europäischen Union, für die Ein- und Durchreise braucht man nun einen Reisepass.
Englisch ist die offizielle Sprache, in Wales noch zusätzlich Walisisch, in Schottland Schottisch-Gälisch und in Nordirland Irisch und Ulster Scots. Überall zahlt man mit Pfund (GBP).

LIEBLINGSSTRECKEN

London–Penzance (5-8 Stunden, ab 46 €)
Für die Reise durch Cornwall könnt ihr die fünfstündige Tagesverbindung oder die achtstündige Nachtzugstrecke mit dem Night Riviera wählen. Abfahrt ist der Bahnhof Paddington in London, von dort geht's durch urige Orte, grüne Hügellandschaften und entlang Englands Südküste. Möchte man von der Strecke abkommen, ist es besonders schön, durch das Looe-Tal zum gleichnamigen Fischerort zu fahren, entlang der Strände nach St Ives oder mit dem Bus von Penzance zu Großbritanniens westlichstem Punkt Land's End.

Coleraine–Londonderry (39 Minuten, 10 €)
Einen ganzen Tag kann man sich für diese Route in Nordirland Zeit lassen, aus dem Fenster auf Meer, Strände, Klippen und grünste Graslandschaften schauen und immer mal aussteigen, beispielsweise in Castlerock, um zum mystischen Mussenden-Tempel an den Klippen und dem dahinterliegenden Downhill-Strand zu spazieren. Gilt nicht umsonst als eine der schönsten Bahnstrecken! Coleraine erreicht man in 1:30 Stunden von Belfast aus mit dem Zug.

Shrewsbury–Pwllheli
(3:45 Stunden, ab 27 €)
Die Cambrian Line führt entlang meilenlanger Sandstrände in der Cardigan Bay, vorbei an Burgruinen wie Harlech Castle und durch die Berge des Snowdonia-Nationalparks. Hier zeigt sich Wales von seiner vielfältigsten, beeindruckendsten Seite. Abfahrtsbahnhof ist Shrewsbury, 2:45 Stunden von London oder zwei Stunden von Cardiff entfernt. In Machynlleth steigt man in die Cambrian Coast Line um.

STRECKENNETZ

London hat nicht einen, sondern 18 Bahnhöfe. Von der Victoria Station kommt man in den Badeort Brighton, vom Kings-Cross-Bahnhof auf den Spuren von Harry Potter nach Schottland, und St. Pancras ist Ziel- und Abfahtsbahnhof für die Züge des europäischen Festlands, wenn man aus dem Ärmelkanal auftaucht. Insgesamt führen fünf Hauptlinien von Englands Hauptstadt in alle Ecken der Insel: die West Coast Main Line über Nordwales nach Südschottland, die East Coast Main Line über Nordostengland und ebenso nach Schottland, die Midland Main Line über Derby nach Sheffield, die Great Western Main Line über Reading nach Bristol und die Great Eastern Main Line über Ipswich nach Norwich. Viele weitere Nebenstrecken zweigen davon ab, die meisten Linien schlingen sich um die Ballungsräume London, Birmingham und Manchester.
Hinzu kommen zwei Nachtzugverbindungen innerhalb Großbritanniens: Von London fährt man mit dem Night Riviera nach Cornwall und mit dem Caledonian Sleeper nach Schottland.
Innerhalb Schottlands führen die meisten Verbindungen über Edinburgh oder Glasgow und tagsüber kommt man bis in den äußersten Norden nach Thurso und Wick. Die Harry-Potter-Strecke von Fort William nach Mallaig kann man mit der Dampflok fahren, sie ist aber auch Teil der magischen West Highland Line, die bereits in Glasgow startet.
In Wales führen fünf Verbindungen zur Küste, entlang des Meeres und die Heart of Wales Line diagonal durch das Land. Nach Nordirland kommt man von der britischen Insel nur mit Fähren, die in Liverpool, Stranrear oder Troon starten, oder von Dublin mit dem Enterprise-Zug nach Belfast. Von der nordirischen Hauptstadt führt eine Linie nach Londonderry an die nördliche Grenze zur Republik von Irland und zwei kurze Strecken an die Küste der Irischen See.

ZÜGE

Etliche private britische Bahnunternehmen aus England, Wales und Schottland versammeln sich unter dem Schirm der National Rail, nur die NIR (Northern Ireland Railways) ist noch staatlich. Der Eurostar verbindet die Insel mit Europa, der Enterprise-Zug Nordirland mit Irland. Nachtzüge sind mit Schlafwagenabteilen ausgestattet, der Caledonian Sleeper führt Classic Room, Club Room und Caledonian Double mit richtigen Betten und Waschbecken, der Night Riviera 1er- und 2er-Bettabteile und Sitzwagen der 2. Klasse.
In den Zügen gibt's ganz klassisch Tee, in manchen frühen Zügen ein sättigendes Englisches Frühstück, ansonsten reicht die Verpflegung von Speisewagen bis Servierwagen.

PREISE UND FAHRKARTEN

Es gibt drei Tickettypen: Anytime ist das flexibelste Ticket, mit dem man zu jeder Zeit mit jedem Zug fahren kann. Off-Peak erlaubt Fahrten außerhalb der Hauptreise- und Pendlerzeiten. Diese Tickets muss man nicht vorab buchen, im Gegensatz zum Advance-Ticket, das zuggebunden und nicht umtauschbar

Auf den Mount Snowdon in Wales fährt eine historische Zahnradbahn

ist. So kommt man von London nach Edinburgh für 270/80/30 € mit dem Anytime/Off-Peak/Advance-Ticket.
Wer länger in England, Wales und Schottland unterwegs ist (und nicht dort wohnt), für den kann sich der BritRail Euro Flexi Pass lohnen: vier oder acht Tage in einem Monat für 205/288 €, für unter 26-Jährige 123/173 €. Ein kostenloser Kinderpass (Kind bis 15 Jahre) kann pro Person dazu gebucht werden. Für Nachtzüge muss man den Zuschlag für Reservierungen zahlen.
Im Caledonian Sleeper schläft man ab 58/160 € im Sitzwagen-/Zwei-Bett-Abteil. Von Deutschland nach London gibt es Tickets ab 63 €.

Für England, Wales und Schottland findet man Verbindungen auf nationalrail.co.uk, die zu den passenden Bahnunternehmen und deren Ticketshops weiterleiten. Nachtzugtickets mit dem Caledonian Sleeper gibt es auf sleeper.scot, Tickets für Nordirland auf translink.co.uk. Fahrkarten von Deutschland über Brüssel oder Paris nach London St. Pancras kauft man über international-bahn.de. Wenn London Ziel oder Abfahrtsort ist, steht auf dem Ticket meist „London Terminals“, das heißt, man kann an jedem der Londoner Bahnhöfe entlang der geplanten Strecke ein- oder aussteigen.

ANREISE

In **Brüssel** (S. 166, Belgien) oder **Paris** (S. 148, Frankreich) steigt man in den Eurostar-Zug nach London um. Alternativ kann man die Fähre vom französischen Calais nach Dover nehmen. Vom niederländischen Rotterdam setzt auch eine Fähre an die englische Ostküste über.

BAHNLEKTÜRE

Reif für die Insel, Bill Bryson
Karte der Wildnis, Robert Macfarlane
Eureka Street, Belfast, Robert McLiam Wilson
Der lebende Berg, Nan Shepherd
Auf dem schwarzen Berg, Bruce Chatwin
Eat Surf Live: Das Cornwall Reisebuch, Katharina Maria Zimmermann und Vera Bachernegg

In die Highlands

Mit dem Zug durch Schottland

Von Sandra Wickert, adecentcupoftea.de

Der beste Moment in schottischen Zügen ist, wenn der Catering Trolley vorbeikommt. Auf den meisten Strecken gibt es kein Bordrestaurant – aber dieses kleine Wägelchen mit schottischen Snacks. Zugfahren in Schottland bedeutet für mich, ein Käse-Sandwich mit einem eiskalten Irn Bru runterzuwaschen und mich mit meinem Sitznachbarn zu unterhalten, während draußen die Landschaft des unbestritten schönsten Landes der Welt an uns vorbeirauscht.

Sandra Wickert lebt seit über 20 Jahren in Berlin. Wenn sie nicht gerade als Redakteurin oder Reisebloggerin arbeitet, verläuft sie sich gerne in Altstadtgassen oder auf Wanderwegen.

In Edinburgh-Waverley bin ich in einen Zug der ScotRail eingestiegen, um mehrere Wochen mit dem Zug durch Schottland zu reisen. Mit einer kleinen Ausnahme, um nach St Andrews an der Ostküste zu kommen, muss man sieben Kilometer zuvor in Leuchars aussteigen und dann mit dem Bus fahren – denn St Andrews hat keinen eigenen Bahnhof. Dafür steht dort Schottlands größte mittelalterliche Kathedrale sowie Schottlands älteste Uni, an der sich Prinz William und Kate kennengelernt haben. Mein Sitznachbar hält nichts von den Royals, dafür aber umso mehr von Tom Jones, für dessen Konzert er nach Edinburgh gereist war. Nach dem ausführlichen Konzertbericht gibt er mir noch einen Tipp: Ich müsse unbedingt die Apple-Cinnamon-Scones im Northpoint Café in St Andrews probieren, um später zu erfahren, dass genau hier angeblich das erste Date von William und Kate stattgefunden hat.

Die nächste Etappe, die mich nach Dundee führt, ist spektakulär, da man auf der über drei Kilometer langen Tay Rail Bridge den Firth of Tay überquert. Die Strecke von Dundee nach Inverness führt mitten durch den Cairngorms National Park in den zentralen Highlands. Und natürlich gibt es in Schottland den als „Harry-Potter-Zug“ bekannten Jacobite Steam Train, bei dem nicht nur das Interieur aussieht wie aus einer anderen Zeit, sondern bei dem man an so vielen Filmkulissen vobeikommt, dass man sich des öfteren fragt: Ist das echt oder fahre ich gerade nach Hogwarts?

Die wahre Schönheit des Zugfahrens in Schottland liegt jedoch in den Begegnungen mit den Menschen, den kleinen Geschichten am Rande – und den Überraschungen, die der Catering Trolley jedes Mal bereithält.

STRECKENINFOS

In Schottland kann man sich gut ohne Auto bewegen – und auch von London kommt man auf zwei Hauptwegen unkompliziert mit dem Zug in den Norden. Innerhalb Schottlands gibt es viele Verbindungen zwischen den Städten, die meisten davon führen über Edinburgh oder Glasgow. Per Bahn kommt man bis in den äußersten Norden Schottlands nach Thurso und Wick. Im Landesinnern ist das Streckennetz am dichtesten. Mit dem „Caledonian Sleeper“ gibt es in Schottland die letzten zwei Nachtzug-Verbindungen. Sie führen von London nach Glasgow und Edinburgh sowie von London nach Aberdeen, Inverness und Fort William.

Die klassischen Züge der ScotRail haben 4er- oder 2er-Sitze, alle mit Steckdosen und manche davon mit Tischen. Auf den sieben innerstädtischen Routen gibt es auch Züge mit 1. Klasse-Abteil, in denen man mehr Platz, bequemere Sitze und einen üppigeren Cateringservice bekommt. Im „Caledonian Sleeper“ gibt es Schlafwagenabteile mit richtigen Betten und Waschbecken.

Wer vorhat, längere Zeit in Schottland unterwegs zu sein, für den kann sich der BritRail Spirit of Scotland Pass lohnen, der aber nur außerhalb Großbritanniens gekauft werden kann.

STATIONEN

Schottlands Hauptstadt **Edinburgh** beeindruckt mit ihrem mittelalterlichen Altstadtkern mit den vielen Gassen und dem Edinburgh Castle, der georgianischen New Town und dem fantastischen Blick von Edinburghs Hausberg Arthur's Seat. Außergewöhnlich übernachten kann man im The Rutland Hotel (1-3 Rutland St) mitten in Edinburghs hippem West End. Rund um den nahen Haymarket befinden sich viele gute Restaurants und Cafés, wie das Forage & Chatter (1A Alva St), das moderne, schottische Küche mit regionalen Zutaten serviert.

St Andrews ist „The home of golf“, denn hier auf dem Old Course wurde im 15. Jahrhundert vermutlich zum ersten mal Golf gespielt – die St Andrews Links zählen heute zu den größten Golfanlagen weltweit. Die Kleinstadt an der schottischen Ostküste hat aber auch für Nicht-Golfer einiges zu bieten: Die Ruinen der St Andrews Cathedral (Eintritt frei!), der malerische Fischereihafen und die langen Sandstrände.
Wer von Zügen noch nicht genug hat, der kann in The Old Station etwas außerhalb von St Andrews in einer von zwei Luxus-Suiten in einem ehemaligen Bahnwaggon (oder dem angeschlossenen Boutique Hotel) übernachten. (Stravithie Bridge, Stravithie circa 25 Minuten mit dem Bus ab Stadtzentrum).

Die Highlands bei Inverness

Die Küstenstadt **Dundee** am Firth of Tay liegt zu Unrecht nicht im Fokus vieler Schottland-Touristen. Dundee mit seiner Waterfront mit den Museumsschiffen, dem „V&A“-Museum, der Kunstszene und dem Street Art Trail lohnt sich definitiv für einen Stopover. Zudem gilt Dundee als eine der sonnenreichsten Städte Schottlands und ist UNESCO City of Design. Dundee war einst weltweit führend in der Juteproduktion – in einer ehemaligen Jutemühle, dem Hotel Indigo, kann man heute übernachten (Lower Dens Mill, Constable St).
Dundee hat eine sehr lebendige und kreative Gastroszene. Im Flame Tree Café in der Perth Road bekommt man das beste Frühstück der Stadt – inklusive Bagel in Regenbogenfarben. Einen fantastischen Ausblick über das Wasser hat man von der Tatha Bar and Kitchen im V&A-Museum. Hier gibt es Frühstück, Lunch und Afternoon Tea (vorab reservieren).

Die Hauptstadt der Highlands **Inverness** ist der ideale Ausgangspunkt für Erkundungen des schottischen Hochlands, doch man sollte hier nicht nur durchreisen, sondern auch etwas Zeit verbringen und sich dem ganz besonderen Charme von Inverness hingeben. Neben der Kathedrale und der Kirche Old High St Stephens sind der Victorian Market und das Inverness Museum and Art Gallery die Hauptattraktionen, sehenswert ist zudem Leaky's Bookshop in der Church Street mit Regalen bis an die Decke voll antiquarischer Bücher.

Das Pentahotel Inverness ist eine günstige und sehr zentral gelegene Unterkunft (63 Academy St). Die Zimmer sind einfach und modern. Das Highlight ist die Hotelbar: 24 Stunden geöffnet und sehr funky.

Edinburgh

Fakten

Im Landesinneren ist die Republik Irland ziemlich flach, durchzogen von Steinmauern, die sich um grüne Wiesen, Schafweiden und Moorflächen winden. Die steilen Klippen findet man entlang des Wild Atlantic Ways, der sich die ganze Westküste hoch schlängelt. Die höchsten sind die 600 Meter hohen Slieve-League-Klippen, bekannter sind die 214 Meter hohen Cliffs of Moher im County Clare. An der Westküste spricht man in Kleinstädten wie Dingle noch Irisch, auch Schilder sind zweisprachig in den Amtssprachen Irisch und Englisch. Im Norden grenzt die katholisch geprägte Republik an Nordirland und somit an Großbritannien. Irland ist das Land der Musik und Literatur, Irish Folk klingt in den Pubs und überall sieht man Porträts der Schriftsteller James Joyce und Oscar Wilde. Das Guinness zahlt man mit Euro.

Irland

In Irland ist das Gras wirklich immer grüner als anderswo, das mag am verlässlich wechselnden Regen und Sonnenschein liegen oder an der Luft des Atlantiks und der Irischen See. Es ist ein Leichtes, sich in die grüne Insel und ihre Regenbögen, Musiksessions und wilde Natur zu verlieben.

LIEBLINGSSTRECKEN

Dublin Connolly–Rosslare Europort
(3 Stunden, ab 7,50 €)
Wählt man den Fensterplatz auf der linken Seite, schaut man auf die Irische See, auf der rechten Seite erhascht man vielleicht einen Blick auf die Wicklow Mountains. Diese Strecke führt durch den Garten von Irland, wie das County Wicklow gern genannt wird, folgt bis auf einen kurzen Schlenker ins Hinterland zwischen Wicklow und Arklow der Küste der Irischen See und zuckelt durch Wexfords Innenstadt, bevor sie den Hafen von Rosslare erreicht. Dort fahren die Fähren nach Wales und Frankreich ab. Eine schöne Art, in Irland anzukommen oder es zu verlassen.

Dublin–Sligo (3 Stunden, ab 19 €)
Die Fahrt von der Irischen See zur Atlantikküste mag ein wenig eintönig erscheinen, denn man durchquert vor allem flache Moorlandschaften. Doch eigentlich ist die Route ideal, um Körper und Geist vom geschäftigen Treiben Dublins in das noch weniger touristisch überfüllte County Sligo zu transportieren, wo es die höchsten Wellen zum Surfen, hervorragende Fischrestaurants und urige Pubs gibt. Eine weitere gute Küste-zu-Küste-Verbindung ist Dublin–Galway.

STRECKENNETZ

Dublin hat zwei Bahnhöfe, von denen sich das Eisenbahnnetz über Irland erstreckt. Die meisten Ziele erreicht man innerhalb von drei Stunden. Von Dublin Connolly führen drei Strecken zum Hafen in Rosslare, nach Sligo und nach Nordirland. Von Dublin Heuston fahren Züge nach Ballina und Westport im County Mayo, außerdem nach Galway, Limerick, Tralee, Cork und Waterford. Entlang des Atlantiks sind Busse und keine Züge unterwegs, nur parallel zur Irischen See gibt es eine Zugstrecke. In der Dublin Bay verkehrt das Nahverkehrssystem Dart von Howth nach Greystones.

ZÜGE

Quer durch das Land fahren Intercity-Züge (IC) der Staatsbahn Iarnród Éireann (IE), zwischen Dublin und Belfast verkehrt der Enterprise-Zug (ENT). An Bord gibt es WLAN, Steckdosen, Speisen und Tee.

PREISE UND FAHRKARTEN

Wenn man bis zu 90 Tage im Voraus bucht, kommt man von Dublin nach Cork für 22 € und nach Galway für 18 €. Das Kombiticket SailRail verbindet Zug- und Fährfahrt, wie von Dublin nach London für 50 €. Kinder unter fünf Jahren reisen umsonst mit, für sie reicht eine Sitzplatzreservierung, wenn man möchte.

Fahrkarten gibt es auf irishrail.ie.
SailRail-Tickets auf irishferries.com.

Der Baily Leuchtturm bei Howth

ANREISE

Nach **London** (S. 171, Großbritannien) und dann mit Zug und Fähre nach Dublin (ab sieben Stunden). Weitere Fähren verbinden Wales (Holyhead, Fishguard, Pembroke) und Frankreich (Roscoff, Cherbourg) mit Rosslare, Cork und Dublin.

BAHNLEKTÜRE

Irisches Tagebuch, Heinrich Böll
Die Asche meiner Mutter, Frank McCourt

Direktverbindungen

Dazwischen kein Umsteigen, kein Gleissuchen, kein Zugverpassen. Nur ein gemütliches durch Landschaften und Städte Rollen, bis ihr an einem der Zielbahnhöfe oder einem anderen tollen Ort entlang der Strecke ankommt.

Von **BERLIN** nach

- **POLEN** ---------- Warschau in 5:30 Stunden
  Danzig in 5:45 Stunden
  Breslau in 4:14 Stunden
  Krakau in 7:17 Stunden
  Przemyśl in 10:32 Stunden
- **SLOWAKEI** ------- Bratislava in 8:34 Stunden
- **TSCHECHIEN** ---- Prag in 4:20 Stunden
- **RUSSLAND** ------ Moskau in 22:28 Stunden
- **BELARUS** -------- Minsk in 14:49 Stunden
- **SCHWEIZ** -------- Zürich in 12 Stunden
  Basel in 10:41 Stunden nachts oder in 7:15 Stunden tagsüber
- **UNGARN** -------- Budapest in 14 Stunden nachts
- **ÖSTERREICH** ---- Wien in 11:38 Stunden nachts oder in 7:41 Stunden tagsüber
- **FRANKREICH** --- Paris in 12:42 Stunden mit dem Paris-Moskau-Nachtzug
- **NIEDERLANDE** -- Amsterdam in 6:26 Stunden
- **SCHWEDEN** ----- Stockholm in 17 Stunden mit dem Snälltåget-Nachtzug

Von **MÜNCHEN** nach

- **TSCHECHIEN** ---- Prag in 5:34 Stunden
- **ITALIEN** --------- Verona in 5:24 Stunden
  Bologna in 6:45 Stunden
  Rimini in 8 Stunden (im Sommer)
  Venedig in 9:14 Stunden nachts oder in 6:51 Stunden tagsüber
  Mailand in 12 Stunden nachts
  Florenz in 10:21 Stunden nachts
  Rom in 13 Stunden nachts
- **UNGARN** -------- Budapest in 6:50 Stunden tagsüber oder 10 Stunden nachts
- **KROATIEN** ------- Rijeka in 10 Stunden
  Zagreb in 9 Stunden (im Sommer)
- **SLOWENIEN** ----- Ljubljana in 6 Stunden
- **ÖSTERREICH** ---- Wien in 4 Stunden
  Innsbruck in 1:45 Stunden
- **SCHWEIZ** -------- Zürich in 3:30 Stunden
  Basel in 5:30 Stunden
- **BELGIEN** -------- Brüssel in 12 Stunden nachts
- **FRANKREICH** --- Paris in 9:45 Stunden nachts oder in 5:45 Stunden tagsüber

Von **HAMBURG** nach

- **DÄNEMARK** ----- Kopenhagen in 4:40 Stunden
- **SCHWEDEN** ----- Malmö in 5:30 Stunden
  Stockholm in 15 Stunden nachts
- **TSCHECHIEN** ---- Prag in 6:45 Stunden
- **SCHWEIZ** -------- Zürich in 12:15 Stunden in der Nacht oder in 7:36 Stunden am Tag
- **UNGARN** -------- Budapest in 14 Stunden
- **ÖSTERREICH** ---- Wien in 8:39 Stunden oder in 12:09 Stunden in der Nacht, Alpen-Sylt-Nachtexpress oder UrlaubsExpress
  Innsbruck in 12:03 Stunden in der Nacht

Von **FRANKFURT (MAIN)** nach

- **SCHWEIZ** -------- Zürich in 4 Stunden
- **ÖSTERREICH** ---- Wien in 6:23 Stunden
  Innsbruck in 7:47 Stunden nachts
- **FRANKREICH** --- Paris in 4 Stunden
  Marseille in 7:44 Stunden
- **BELGIEN** -------- Brüssel in 3 Stunden
- **NIEDERLANDE** -- Amsterdam in 4 Stunden

Von **KÖLN** nach

- **ÖSTERREICH** ---- Wien in 8:52 Stunden
  Innsbruck in 10:41 Stunden nachts
- **BELGIEN** -------- Brüssel in 1:41 Stunden
- **NIEDERLANDE** -- Amsterdam in 3 Stunden
- **LUXEMBURG** ---- Luxemburg in 3:30 Stunden
- **FRANKREICH** --- Paris in 3:21 Stunden

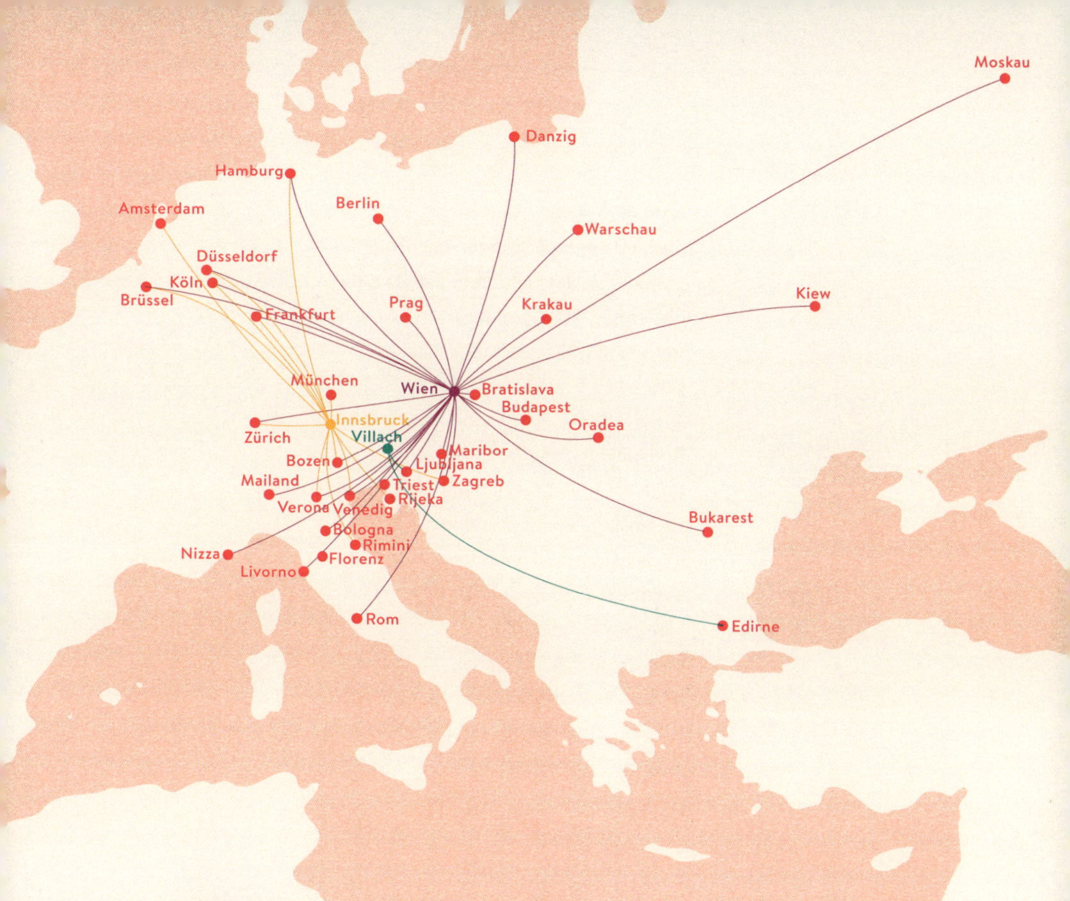

Von **WIEN** nach

DEUTSCHLAND - Berlin in 7:43 Stunden
Hamburg in 8:39 Stunden
Köln in 8:52 Stunden
Frankfurt (Main) in 6:23 Stunden
Düsseldorf in 12:04 Stunden

POLEN ---------- Krakau in 7:26 Stunden
Warschau in 11 Stunden nachts
Danzig in 10 Stunden tagsüber und Warschau in 7:30 Stunden

SLOWAKEI ------- Bratislava in 1 Stunden

TSCHECHIEN ---- Prag in 4 Stunden

RUSSLAND ------ Moskau in 30 Stunden mit dem Moskau-Nizza-Express

UKRAINE -------- Kiew in 23:40 Stunden nachts

SCHWEIZ -------- Zürich in 7:50 Stunden

Von **WIEN** nach

ITALIEN --------- Rom in 13:47 Stunden nachts
Mailand in 12:47 Stunden nachts
Venedig in 12:47 Stunden nachts oder in 7:30 Stunden tagsüber
Florenz in 11:09 Stunden
Verona in 10:28 Stunden
Bozen in 7 Stunden
Triest in 9 Stunden

UNGARN -------- Budapest in 2:42 Stunden

RUMÄNIEN ------ Bukarest in 19 Stunden mit dem Dacia-Express
Cluj-Napoca in 12 Stunden

RUSSLAND ------ Moskau in ca. 30 Stunden mit Moskau-Nizza-Express

KROATIEN ------- Zagreb in 6:30 Stunden

SLOWENIEN ----- Ljubljana in 6 Stunden
Maribor in 3:40 Stunden

BELGIEN -------- Brüssel in 13:40 Stunden nachts

FRANKREICH --- Nizza in 21:10 Stunden mit Moskau-Nizza-Express
Paris in 12 Stunden nachts

Von **INNSBRUCK** nach

DEUTSCHLAND - Frankfurt (Main) in 7:05 Stunden
Köln in 9:48 Stunden
Düsseldorf in 10:15 Stunden
Hamburg in 12:03 Stunden nachts

ITALIEN --------- Venedig in 5 Stunden mit Zwischenstopps
in Bozen und Verona
Rimini über Bologna in 6 Stunden (im Sommer)

SCHWEIZ -------- Zürich in 3:31 Stunden

BELGIEN -------- Brüssel in 14:01 Stunden nachts

NIEDERLANDE -- Amsterdam in 13:14 Stunden nachts

Von **VILLACH** nach

SLOWENIEN ----- Ljubljana in 1:45 Stunden

TÜRKEI ---------- Edirne in 31 Stunden

Von **ZÜRICH** nach

DEUTSCHLAND - Hamburg in 7:36 Stunden
Berlin in 11:40 Stunden nachts
Frankfurt (Main) in 4 Stunden
München in 3:30 Stunden
SLOWAKEI ------- Bratislava in 9 Stunden
TSCHECHIEN ---- Prag in 13:17 Stunden nachts
ITALIEN --------- Mailand in 3:40 Stunden
Venedig, Verona, Genua und Bologna in ca. 6 Stunden
UNGARN -------- Budapest in 10:39 Stunden
KROATIEN ------- Zagreb in 14 Stunden nachts
SLOWENIEN ----- Ljubljana in 11:45 Stunden nachts
ÖSTERREICH ---- Wien in 7:50 Stunden
Innsbruck in 3:31 Stunden
FRANKREICH --- Paris in 4 Stunden
NIEDERLANDE -- Amsterdam in 11:15 Stunden nachts

Stockholm
Hamburg
Amsterdam
Berlin
Warschau
Düsseldorf
Köln
Brüssel
Frankfurt
Breslau
Krakau
Prag
Przemyśl
Lwiw
Paris
München
Wien
Bratislava
Basel
Zürich
Innsbruck
Budapest
Cluj-Napoca
Ljubljana
Mailand
Venedig
Zagreb
Verona
Rijeka
Bologna
Nizza
Florenz
Livorno
Rom

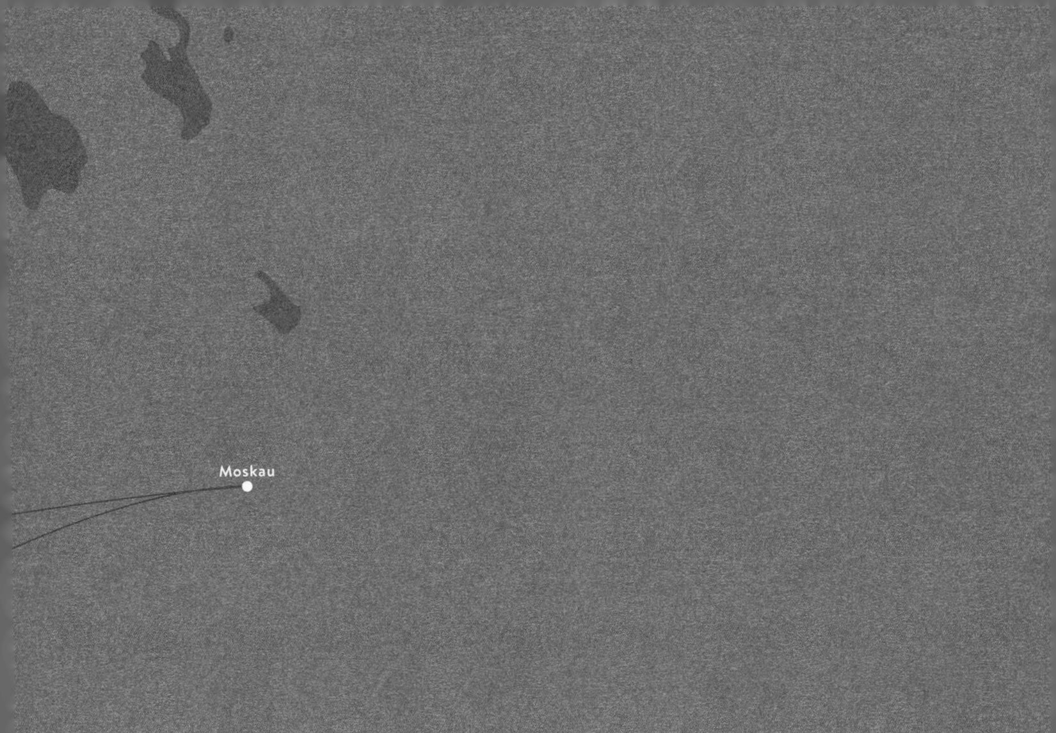

NACHTZÜGE

Bis ein neuer Tag erwacht

Bei einer Nachtzugreise legt man im Schlaf Hunderte von Kilometern zurück, schläft auf bekanntem Terrain ein und wacht in einem neuen Land auf. Steigt ein, schlaft gut – das europäische Nachtzugnetz ist wieder im Kommen.

In den legendären Nachtzügen wie von Nizza nach Moskau gehen Tag und Nacht fließend ineinander über. Streng genommen ist es ein Tages- und Nachtzug, in einem 49-stündigen Schlaf- und Wachzustand legt man 3300 Kilometer zurück. Es gibt auch die normalen Nachtzüge, in die man abends einsteigt, im Speisewagen zu Abend isst und morgens mit Frühstück vom Schaffner geweckt wird. Vor allem die österreichische Staatsbahn hat es sich zur Aufgabe gemacht, das Streckennetz mit ihren Nightjets in Europa auszubauen und holt jährlich neue Strecken auf die Nachtzugkarte.

Vorteile einer Nachtzugfahrt: Man spart Übernachtungspreise in einem Hotel und Reisezeit, die man lieber tagsüber vor Ort verbringt. Nachteil: Im Dunkeln rauscht die Welt draußen ungesehen vorbei.

Nachtzugabteile

Sitzend oder liegend kann man die Nacht im Zug verbringen. Wer möglichst günstig unterwegs sein möchte, reserviert einen Sitzplatz in einem Abteil. Mit ein bisschen Glück ist es nicht voll belegt und man kann sich über mehrere Sitze ausbreiten. Einen besseren Schlaf findet man im Liegewagen in 4er- oder 6er-Abteilen, wo nachts Sitzbank und Lehne in Liegen umgewandelt werden und man Bettlaken, Decke und ein Kissen bekommt. Oft gibt es auch Familienabteile, als Frau kann man auch ein Damenabteil buchen. Die erholsamste und auch teuerste Nachtruhe bietet der Schlafwagen: In einer Einzel-, Doppel- oder Triplekabine hat man meist ein Waschbecken mit Handtüchern, Frühstück inklusive und Privatsphäre. In Deluxeabteilen kann man sogar das Glück einer eigenen Dusche haben. In manchen Zügen gibt es Liegesitze, die man weiter nach hinten verstellen kann als gewöhnliche.

Die Konditionen und Bequemlichkeiten unterscheiden sich je nach Land. Reist man in Norwegen allein und bucht ein Schlaf-

wagenabteil mit zwei Betten, muss man es nicht teilen. Und wer in Zügen unterwegs ist, die auf Breitspur fahren wie in Russland, Finnland und der Ukraine, kann sich auf mehr Platz freuen – auch die Betten sind dort länger.

Preise

Zum normalen Ticketpreis kommen noch die Reservierungsgebühren für Liege- oder Schlafwagen dazu, die man auch mit einem Interrail-Pass zahlen muss. Sie variieren nach Land und Vorbuchungszeit – für einen Platz im 6er-Liegewagen kann man mit Preisen ab 20 € rechnen, für ein Einzelbett im Schlafwagen ab 100 €. Nicht wundern: Oft wird einem das Ticket vom Schaffner abends abgenommen und erst am Morgen, wenn er euch weckt, wieder zurückgegeben.

Von **BERLIN** nach

- **ÖSTERREICH** ---- Wien (NJ 457)
- **SCHWEIZ** -------- Basel, Zürich (NJ 471)
- **UNGARN** -------- Budapest (EN 40457)
- **SLOWAKEI** ------- Bratislava (EN 40457)
- **POLEN** ---------- Krakau und Przemyśl (EN 50457)
- **FRANKREICH** --- Paris (Paris-Moskau EN 452)
- **SCHWEDEN** ----- Stockholm (Snälltåget Nachtzug)
- **BELARUS** -------- Minsk (EN 411, EN 453)
- **RUSSLAND** ------ Moskau (EN 411, EN 453)

Von **HAMBURG** nach

- **ÖSTERREICH** ---- Wien (NJ 491)
  Innsbruck (NJ 40491)
- **SCHWEIZ** -------- Zürich (NJ 401)
- **SCHWEDEN** ----- Stockholm (Snälltåget Nachtzug)

Von **MÜNCHEN** nach

- **BELGIEN** -------- Brüssel (NJ 424)
- **UNGARN** -------- Budapest (EN 463)
- **FRANKREICH** -----Paris (NJ 468)
- **ITALIEN** --------- Verona und Mailand (NJ 40295)
  Venedig (NJ 40463)
  Florenz und Rom (NJ 295)
- **KROATIEN** ------- Zagreb (EN 50463)
  Rijeka (EN 60463)
- **SLOWENIEN** ----- Ljubljana (EN 50463, EN 60463)

Von **FRANKFURT** nach

- **ÖSTERREICH** ---- Wien (NJ 40421, NJ 425)
  Innsbruck (NJ 421)

Von **KÖLN** nach

- **ÖSTERREICH** ---- Wien (NJ 40421)
  Innsbruck (NJ 421)

Abkürzungen NJ: NightJet, EN: EuroNight

Von **WIEN** nach

DEUTSCHLAND - Hamburg (NJ 490)
Berlin (NJ 456)
Köln und Düsseldorf (NJ 40490)
POLEN ---------- Breslau (NJ 456)
Krakau und Warschau (EN 40456)
BELGIEN -------- Brüssel (NJ 50490)
SCHWEIZ -------- Zürich (NJ 466)
RUMÄNIEN ------ Sighisoara, Brasov und Bukarest (Dacia EN 347)
Cluj-Napoca (D 60347)
RUSSLAND ------ Moskau (Moskau-Nizza-Express EN 408/18)
FRANKREICH --- Nizza (Moskau-Nizza-Express EN 409/17)
Paris (NJ 468)
UKRAINE -------- Lwiw und Kiew (D 40149)
NIEDERLANDE -- Amsterdam (NJ 40490)
ITALIEN --------- Bologna und Rom (NJ 40233)
Verona und Mailand (NJ 233)
Venedig und Livorno (NJ 1237)
Florenz (NJ 40233, NJ 1237)

Von **INNSBRUCK** nach

DEUTSCHLAND - Frankfurt (Main) und Köln (NJ 420)
Düsseldorf (NJ 420)
Hamburg (NJ 40420)
NIEDERLANDE -- Amsterdam (NJ 420)

Von **ZÜRICH** nach

DEUTSCHLAND - Hamburg (NJ 40470)
Berlin (NJ 470)
TSCHECHIEN ---- Prag (EN 50467)
UNGARN -------- Budapest (EN 40467)
KROATIEN ------- Zagreb (EN 40465)
SLOWENIEN ----- Ljubljana (EN 40465)
ÖSTERREICH ---- Wien (NJ 467, EN 40467)
NIEDERLANDE -- Amsterdam (NJ 402)

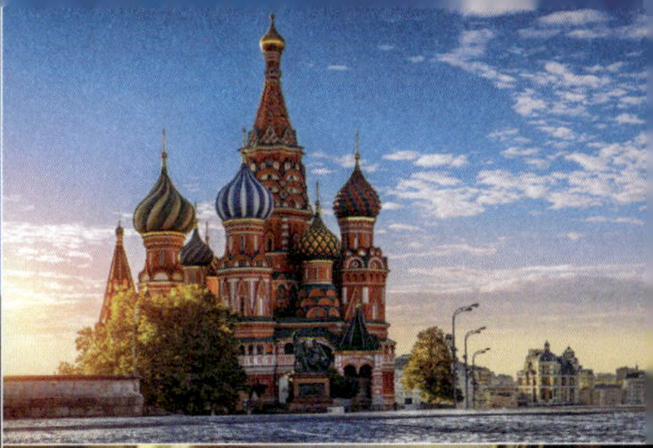

Originalausgabe
2. Auflage, Berlin, Dezember 2021

Reisedepeschen ist ein klimaneutraler Verlag: climatepartner.com/15175-2010-1001

ISBN 978-3-96348-016-4

Gestaltung und Herstellung sowie die Karten und Illustrationen lagen in den Händen von Johannes Klaus. Die Umschlagillustration fertigte Henry Rivers (travelposter.co) in enger Zusammenarbeit mit dem Verlag an. Tatjana Kerschbaumer übernahm das Lektorat, Jennifer McCann das Korrektorat. Das Buch wurde in der Brandon Grotesque und der Brandon Text von Hannes von Döhren gesetzt. Druck und Bindung nahm DZS Grafik in Ljubljana vor. Gedruckt wurde auf Munken Polar Rough und GalerieArt Natural, hergestellt aus chlorfrei gebleichtem Zellstoff aus nachhaltiger Waldwirtschaft. Das Buch wurde klimaneutral produziert.

Dieses Handbuch wurde von uns mit viel Liebe und großer Sorgfalt erstellt. Zum Glück dreht sich die Welt unbeeindruckt weiter und manches ändert sich schneller, als wir es anpassen können. Deshalb übernehmen die Herausgeber, die Autoren und der Verlag für die Richtigkeit von Angaben, hinweisen und Karten sowie für eventuelle Druckfehler keine Haftung.

Du kannst Teil dieses Buches sein: Schick uns deine Hinweise, Geheimtipps und Verbesserungsvorschläge, erkläre uns, was so nicht mehr stimmt und was unbedingt in die nächste Auflage sollte. Wir freuen uns auf deine Nachricht an hinweis@reisedepeschen.de.

Bildverzeichnis S. 4, 18, 95, 104, 105, 109, 111, 114, 156, 171: Johannes Klaus; S. 11: Lei Jiang; S. 15: Karolina Nichitin; S. 23: Johannes Hofmann; S. 24, 25, 26, 27, 128, 129: Noam Schaulin; S. 35: Francesco Califano; S. 36: Sigrid Elsrud; S. 37: Lucia Ros; S. 41: Astrid; S. 44, 45, 46, 47: Sebastian Wilken; S. 53: Zuza Galczynska; S. 57, 59: Jennifer McCann; S. 65: Marianna Hillmer; S. 69: Paul Volkmer; S. 70: Stephanie Forsch; S. 71: Dmitry Rodionov; S. 75: Martin Katler; S. 76, 77: Tom Hoferick; S. 82: John-Mark Smith; S. 83: Dimitry Anikin; S. 85: Sasha Pleshco; S. 90: Greenvalley Pictures; S. 91: Daniel J. Schwarz; S. 92: Sarah Althaus; S. 93: Bram van Geerenstein; S. 98: Martin Blum; S. 99: Maria Blum; S. 101: Tilen Dominik Perko; S. 107: Ljubomir Zarkovic; S. 115: Despina Galani; S. 117: Radoslav Raynov; S. 120, 121, 122, 123, 125: Andrea Leindl; S. 130: Adrian Dascal; S. 131: Alessio Rinella; S. 135, 155: Cindy Ruch; S. 139: Z S; S. 140: @JuliasLieblinge; S. 141: Mark Boss; S. 142: TokioMarineLIfe; S. 143: Mela Hipp; S. 146: Frenjamin Benklin; S. 147: Elisa Cardigan; S. 148: Camille Brodard; S. 150: Fritz Schumann; S. 151: Antoinee; S. 160: Dario Ciraulo; S. 161: Roya Ann Miller; S. 166: Ethan Hu; S. 167: Andrew Slivkin; S. 172: Sandra Wickert; S. 174: Emilie Crssrd; S. 175: Julia Solonina; S. 177: Paul Costello; S. 187: Kalegin Michail